Zu diesem Buch

«Mehr Zeit für die Familie – wer hätte das nicht gern? Doch seien wir ehrlich: Jeder von uns hat nur vierundzwanzig Stunden am Tag, nicht mehr und nicht weniger. Eigentlich meinen wir ja auch etwas anderes: Wir wollen einen größeren Anteil unserer Zeit auf Dinge verwenden, die wir gerne machen, die uns anderen näherbringen, die uns bereichern, anstatt uns unsere Energie zu rauben, wie es Arbeit und Alltagstrott oft genug tun.»
Besser als Regina Hilsberg das in ihrem Vorwort tut, kann man das Dilemma nicht ausdrücken, in dem wir alle stecken. Aber sie bleibt nicht bei der Bestandsaufnahme dieses Zustandes stehen, sie zeigt uns Lösungsmöglichkeiten: Zunächst wirft sie einen Blick zurück auf Zeiten, in denen die Uhr den Alltag nicht so dominierte wie heute. Und sie lädt uns ein, die Welt einmal mit Kinderaugen zu betrachten, denn für die spielt die exakte Uhrzeit auch keine Rolle. Wenn es uns gelingt, unseren Alltag mit diesen anderen Sichtweisen auf Zeit zu betrachten, merken wir sehr bald, was in unserer Familie Druck verursacht.
Im zweiten Teil zeigt sie konkrete Wege aus der Zeitfalle. Sie schildert, wie wir die Haushaltsarbeit mit Kleinkindern, Schulkindern und Jugendlichen so gestalten können, daß sie nicht alle Zeit der Mutter und alle gemeinsame Zeit der Familie beansprucht. Dabei helfen verschiedene Haushaltsplaner, die die Autorin alle selber ausprobiert hat.

Regina Hilsberg, Jg. 1951, Lehrerin der Sekundarstufe I, studierte Architektur, Anglistik und Kunsterziehung. Sie ist verheiratet und hat vier Kinder: Jan (Jg. 1978), Lena (Jg. 1982), Clara (Jg. 1985) und Nora (Jg. 1988). 1985 erschien in der Reihe «Mit Kindern leben» ihr Buch «Körpergefühl» (rororo Nr. 17922), 1988 «Schwangerschaft, Geburt und erstes Lebensjahr» (rororo Nr. 18519) und 1998 «Stillen – das Beste für Ihr Baby» (rororo Nr. 60288).

Regina Hilsberg

Mehr Zeit
für die Familie

Wie Sie den Alltag
richtig organisieren

Mit Cartoons von Klaus Pitter

Rowohlt Taschenbuch Verlag

Herausgegeben von Bernhard Schön und Horst Speichert
Redaktion Bettina Mähler

die **Deutsche Liga für das Kind**
Kinder haben eine Lobby

Partner von *rororo Mit Kindern leben*

Originalausgabe
Veröffentlicht im Rowohlt Taschenbuch Verlag GmbH,
Reinbek bei Hamburg, September 1999
Copyright © 1999 by Rowohlt Taschenbuch Verlag GmbH,
Reinbek bei Hamburg
Umschlaggestaltung Büro Hamburg, Susanne Reizlein
(Foto: Premium)
Alle Rechte vorbehalten
Satz Minion PostScript, PageOne
Gesamtherstellung Clausen & Bosse, Leck
Printed in Germany
ISBN 3 499 60611 9

Inhalt

Vom Tun und Lassen
Wie wir im Alltag handeln 79

Wir werden ein Team
Über die Arbeitsteilung in der Familie 96

Vorwort

Mehr Zeit für die Familie – wer hätte die nicht gern! Doch seien wir ehrlich: Jeder von uns hat gleich viel Zeit. Vierundzwanzig Stunden am Tag, nicht mehr und nicht weniger.

Mehr Zeit kann uns keine Macht der Welt verschaffen. Eigentlich meinen wir ja auch etwas anderes: Wir wollen einen größeren Anteil unserer Zeit auf Dinge verwenden, die wir gerne machen, die uns anderen näherbringen, die uns bereichern, anstatt uns unsere Energien zu rauben, wie es Arbeit und Alltagstrott oft genug tun.

Vor allem wenn wir Kinder haben, wird uns schmerzlich bewußt, daß unsere normale Alltagsorganisation wenig Raum läßt, das Zusammensein mit unseren Kindern zu genießen. Gnadenlos treibt uns der Terminkalender durch die Tage. Unsere Umgebung rechnet nach Minuten – und unsere Kinder nach «Schuhanziehzeit». Kennen Sie die? Sie ist aus Gummi, und keiner kann sie so meisterhaft langziehen wie Kinder jeden Alters.

Bei genauem Hinschauen zeigt sich bald, daß das Netz von Hetze und Zeitdruck, in dem sich so mancher von uns verfängt, aus vielen verschiedenen Fäden gewirkt ist. Etliche davon bestehen aus äußeren Bedingungen: beruflichen Anforderungen, schulischen Stundenplänen, Ladenöffnungszeiten, Busfahrplänen und Kindergartenöffnungszeiten. Dagegen läßt sich wenig machen, und wenn, dann höchstens sehr langfristig.

Aber einige dieser Fäden spinnt auch unser eigenes Selbst. Der wichtigste: Unser fehlender Überblick, wie wir die notwendige Familienarbeit so organisieren können, daß wir nicht unnötig viele unserer wertvollen Tagesstunden dafür verbrauchen. Immerhin gibt es nirgendwo eine Ausbildung für die äußerst komplexe Aufgabe «Familienarbeit». Im Gegenteil, **9** eigentlich wird eher die Ansicht gepflegt, das sei alles nicht der Rede wert und ließe sich doch geradezu aus dem Ärmel schütteln. Um so hilfloser steht dann derjenige da, dem es einfach nicht gelingen will, weil er sich ja lächerlich machen würde, wenn er auch noch um Rat fragte.

Und obendrein tragen wir alle eine Brille, die uns unser Leben in einem ganz speziellen Licht zeigt. Diese Brille ist eine Art Fernglas in die Zukunft, für die Gegenwart ist sie schon recht unscharf, in der Vergangenheit zeigt sie uns höchstens, was alles «dumm gelaufen» ist und uns nun Schwierigkeiten für die Zukunft beschert. Sie breitet weit vor uns aus, was wir alles machen könnten, aber das, was wir wirklich gerade tun, verkleinert sie bis zur Unkenntlichkeit. Das Ende unseres Lebens sieht durch diese Brille so schwarz aus, daß wir am liebsten gar nicht hinschauen, und überhaupt – obwohl wir ständig in die Zukunft und darum auf unser Älter-Werden starren – suggeriert uns diese Brille, wahrhaftig leben könne man nur, wenn man jung sei.

Diese Sicht auf die Welt kann einen Menschen geradeso unter Druck setzen wie ein zu voller Terminkalender. Wir müssen lernen, diese Brille gelegentlich gegen eine andere Sichtweise zu tauschen, und uns hin und wieder fragen, ob wirklich Pünktlichkeit der Sinn des Lebens ist. Dann werden wir merken, daß andere Menschen ganz andere Brillen tragen und es spannend sein kann, auch einmal durch diese hindurchzuschauen.

Schon unsere Kinder tragen ein ganz anderes Modell. Und weil dieses Modell die Welt ganz anders darstellt, als es unsere Erwachsenenbrille tut, darum stoßen wir ja auch so oft gegeneinander.

In diesem Buch finden Sie zwei Ansätze, den Zeitdruck von der Familie zu nehmen. Das eine sind ganz praktische Überlegungen, wie Sie gemeinsam Ihren Haushalt zu einem stützenden Rahmen für Ihr Familienleben machen können. Dazu gehören auch verschiedene Haushaltsplaner, die ich Ihnen vorstellen möchte.

Zuvor möchte ich Ihnen aber Wege aufzeigen, wie Sie durch Nachdenken, Verstehen und inneres Umschalten den Zeitstreß aus Ihrem Kopf verbannen und die vierundzwanzig Stunden am Tag genießen können, die Ihnen und Ihrer Familie gegeben sind!

Die innere Uhr
Über das Zeitgefühl in unserer Kultur

Ach, wie schnell werden die Kinder groß!»

Das steht die alte Freundin Ihrer Mutter vor Ihnen und schlägt die Hände über dem Kopf zusammen angesichts Ihres Jüngsten, der eben den ersten Zahn bekommt und Ihnen die letzte Nacht zur Ewigkeit gemacht hat, von wegen «schnell»!

Wie kommt das nur, daß Zeit mal rast und mal stillzustehen scheint? Denn obwohl wir von präzisen Zeitmessern umgeben sind, erlebt jeder von uns den Lauf der Zeit anders. Und wir ärgern uns nicht selten darüber, daß die Menschen um uns herum offensichtlich nicht unsere Meinung teilen, sie verhielten sich viel zu träge oder viel zu hektisch.

Mit welchem Sinnesorgan nehmen Menschen Zeit eigentlich wahr?

Ich denke, man kann es so formulieren: Zeit ist eine auf Erfahrung gegründete Einschätzung davon, wieviel kleine Veränderungen innerhalb einer als verbindlich vereinbarten großen Veränderung stattfinden können.

Die «großen Veränderungen» sind der Lauf der Sonne, der Wechsel der Jahreszeiten, die Veränderungen des menschlichen Körpers, die die Spanne seines Lebens kennzeichnen.

Die «kleinen Veränderungen» sind unsere Antworten auf den Wechsel von Kälte und Wärme, Helligkeit und Dunkelheit, auf Wachsen und Reifen, es sind die großen und kleinen Aufgaben, auf die wir uns im Laufe unseres Lebens einlassen.

Diese «kleinen Veränderungen» müssen wir in die großen «einschachteln». Wir leben in einer Gesellschaft, die das bewußte und präzise «Einschachteln» zu einer großen Tugend gemacht hat, aber diese Tugend wird durchaus nicht in allen Ländern dieser Erde hochgehalten. In anderen Kul-

turen verbringen Menschen viel Zeit mit Begrüßungen, Zu-Spät-Kommen, Herumsitzen, Reden und Warten, ohne das im mindesten ärgerlich zu finden.

Die Organisation unseres europäischen Alltags würde ohne paßgenaues «Schachteln» kaum funktionieren. Aber das hat auch noch einen anderen Grund: Wir gehen davon aus, daß unsere Zeit begrenzt ist. Das ist durchaus nicht immer selbstverständlich gewesen. Im Mittelalter erlebten die Menschen ihr eigenes Leben als eingebettet in die Zeit Gottes, die ihr Ziel am Jüngsten Tage fand. An diesem Tag würde offenbar werden, wer in die ewige Seligkeit einging. Und das hing überhaupt nicht davon ab, *wieviel* sie geschafft und erlebt hatten, sondern nur davon, ob sie sich *gottgefällig* verhalten hatten. Es gab keinen Zwang, sich zu beeilen, sondern den Zwang, den Regeln der Kirche zu folgen.

Unser Denken, daß mit dem Tod wirklich alles zu Ende ist, führt paradoxerweise dazu, daß wir unser Hauptaugenmerk auf die Zukunft richten. Denn alles, was uns bleibt, ist dieser Rest des Lebens, und der wird von Tag zu Tag kürzer.

Stimmt doch, werden Sie denken. Aber diese Perspektive ist nicht selbstverständlich. Vor vielen Jahren machte ich in Afrika Bekanntschaft mit der dort verbreiteten Sichtweise, den Blick vor allem rückwärts auf die Ahnen zu richten und nicht nach vorn in die individuelle Zukunft. Was mir zuerst höchst merkwürdig erschien, erwies sich beim näheren «Hinfühlen» als ein entscheidender Unterschied. *Ich gehe mit meinen Tagen anders um, wenn ich mich bemühe, sie als gelungen in den Schatz der Erinnerung zu legen, als wenn ich sie nur dazu verwende, ein angeblich besseres Morgen vorzubereiten.* Dann wird es auf einmal wichtig, ob ich mich gehetzt habe oder ob ich ungeduldig und unzufrieden war, denn daraus setzt sich eine gute oder eine schlechte Erinnerung zusammen. Was morgen kommt, kann ich nicht wissen, aber auf das Gestern habe ich einen Einfluß – und zwar dadurch, wie ich mit dem Jetzt umgehe.

Gleich muß ich los ...

Das Zeiterleben von Erwachsenen

So mancher von uns kann ohne Blick auf die Uhr recht genau angeben, wie spät es ist. Ich denke, das ist auf Training zurückzuführen. Wenn jemand jahrelang die Veränderungen des Lichts im Laufe des Tages, die Dauer von einfachen Verrichtungen und die rhythmischen Veränderungen seines Körpergefühls mit der Uhrzeit abgleicht, sagt ihm irgendwann seine Umgebung, was die Uhr jetzt anzeigt.

Diese Fähigkeit, Zeit zu schätzen und ein Gefühl für die Uhrzeit mit durch den Tag zu tragen, gehört durchaus nicht zur psychischen Grundausstattung des Menschen. Noch im 16. Jahrhundert wurde selbst bei Veranstaltungen, die einen gemeinsamen Beginn erforderten – Gottesdienste, Ratssitzungen, Schulunterricht –, nicht erwartet, daß die Teilnehmer von selber rechtzeitig aufbrachen, um zu einem bestimmten Zeitpunkt vor Ort zu sein. Dafür gab es Glocken, die geläutet wurden, wenn Zeit war, sich auf den Weg zu machen. Die erforderliche «Zeitwachheit», also der innere Antrieb, rechtzeitig auf die Uhr zu schauen, mußten allenfalls Pastoren, Kü- **13** ster, Amtsdiener, Lehrer oder Nachtwächter aufbringen, die anderen verließen sich auf die akustischen Zeichen, die von diesen Schlüsselpersonen gegeben wurden (vgl. Neumann 1993, S. 56).

Schon eher «natürlich» ist etwas, was das «Paradoxon der Zeit» genannt wird. Wenn ein Mensch viel erlebt, scheint ihm in dem Augenblick die Zeit dahinzurasen. Erinnert er sich dann aber an diese Zeit, kommt sie ihm im nachhinein besonders lang vor. Erlebt er dagegen einen Zeitraum, in dem nicht viel passiert, kriecht ihm die Zeit dahin und will gar nicht vergehen. In der Erinnerung aber erscheint ihm diese Zeit als kurz und nicht der Rede wert.

Diese Erscheinung verweist darauf, daß der Mensch gar kein Sinnesorgan für Zeit besitzt. Mit Augen, Ohren und Tastgefühl nimmt er Erlebnisse wahr, und daran kann er sich erinnern. Wie lang all das gedauert hat, rekonstruiert er aus parallel verlaufenden Aktionen. Er schätzt ab, wie oft er im Raum hin- und herlaufen konnte, bis die Sonne unterging – um es einmal stark vereinfacht auszudrücken.

Nun haben die meisten Erwachsenen unserer Zivilisation leidlich funktionsfähige Techniken entwickelt, den Schnippchen zu entgehen, die uns unser schwankendes Zeitgefühl immer wieder schlägt. Aber daß sich derzeit so viele Bücher mit «Zeitmanagement» befassen, bedeutet doch offenbar, daß die heutigen Anforderungen an Koordination und Beschleunigung kaum noch mit Augen, Ohren, Kopf und Hand allein zu bewältigen sind. Wir brauchen schriftliche Verfahren, um effektiv zu planen und zügig zu erledigen. Sonst geraten wir ins Schleudern. Der «alte Adam» in uns rebelliert zwar immer wieder gegen diese Hetze, aber wir bemühen uns nach Kräften, ihn in seine Schranken zu verweisen. Nur – in einer Familie rebelliert nicht nur er, sondern auch die Kinder!

«Schuhanziehzeit»

Das Zeiterleben von Kindern

Erwachsene und Kinder haben mit ihren unterschiedlichen Vorstellungen von Pünktlichkeit und Tempo viele Schwierigkeiten – da ist es verwunderlich, daß dem Zeitempfinden von Kindern in der Wissenschaft nicht mehr Aufmerksamkeit geschenkt wird. Es gibt wenige Untersuchungen darüber, und deren Erkenntnisse dringen kaum in die Öffentlichkeit.

Immerhin scheint erwiesen zu sein, daß Kinder hauptsächlich in der Gegenwart leben und sich wenig um die Zukunft scheren. Das wissen wir auch so, aber wenn's die Wissenschaft sagt, brauchen wir wenigstens nicht anzunehmen, daß es Dummheit oder Hinterlist unserer Kinder ist, wenn sie uns durch Trödelei, Aufschieben von Unangenehmem, Ungeduld und Unpünktlichkeit immer wieder zur Verzweiflung treiben.

Die umfangreichste Studie zur Entwicklung des Zeitbegriffs bei Kindern stammt von Jean Piaget, einem Schweizer Entwicklungspsychologen. In seiner in den fünfziger Jahren durchgeführten Untersuchung geht er der Frage nach, ob Kindern ein Zeitgefühl angeboren ist oder ob sich ein zeitliches Orientierungssystem erst mit den Jahren herausbildet.

Dazu hat er zunächst gefragt, welche Komponenten vorhanden sein müssen, damit Zeit verstanden und dargestellt werden kann. Stellen Sie sich z. B. vor, Sie wollten im nachhinein erzählen, daß Sie mit Klein-Mäxchen gestern zum Bus wollten, er aber dringend noch mal mußte. Das ist eine banale Situation, aber Sie müssen eine ganze Reihe geistiger «Operationen» durchführen, um den Vorgang richtig darzustellen. Sie müssen wissen, daß es *gestern* war und nicht vorige Woche oder vor drei Stunden. Sie müssen also im Geiste die Vergangenheit bereits in Einheiten gegliedert haben, sonst können Sie nicht bestimmen, *wann* das Ereignis stattfand. Dann müssen Sie wissen, daß *gleichzeitig*, während Sie sich und Mäxchen zum Weggehen fertigmachten, sich der Bus bereits der Haltestelle näherte. Sie brauchen zudem eine realistische Vorstellung von *Geschwindigkeit*, denn Sie müssen entscheiden, wie sehr Sie Ihre Aktionen beschleunigen müssen, um Mäxchens Bedürfnis noch in die Wegstrecke einzuschachteln, die der Bus mit seiner ihm eigenen Geschwindigkeit zurücklegt.

15

Haarspalterei, werden Sie sagen, das kann doch jedes Kind! Kann es eben nicht. Das ist das Ergebnis der Experimente von Jean Piaget. Er stellte fest, daß Kinder bis zum Schulalter größte Probleme damit hatten, solche Zeiterscheinungen zu begreifen, die nicht der unmittelbaren Wahrnehmung zugänglich sind, sondern aus verschiedenen Erscheinungen *geschlossen* werden müssen.

Hätte Mäxchen die Geschichte von dem Toilettengang vor der Busabfahrt erzählen sollen, wäre etwas ganz anderes oder vielleicht überhaupt nichts herausgekommen. Etwa bis zum Schulalter kann ein Kind ein Ereignis nicht rückwärts wieder aufrollen. Die logische Reihe, daß Sie *gestern* zum Bus wollten, daß Sie *erst* die Schuhe anzogen, daß das Kind *dann* zur Toilette mußte und daß Sie *daraufhin* zum Bus rennen mußten, stellt sich ihm in der Erinnerung nicht zusammenhängend dar.

Gerannt wäre Max von selber sowieso nicht. Denn er hätte nicht geahnt, daß der Bus bereits fuhr, *während* er auf dem Klo saß. Er hätte den Bus als einen aktiven Posten im ganzen Ablauf überhaupt erst wahrgenommen, als

er ihn heranfahren sah, vorher war er einfach nicht da. Und daß das Erreichen des Busses damit zusammenhing, *wie schnell* Mäxchen vom Klo herunterkam und in die Jacke hinein, auch das hätte es noch nicht begriffen.

Auf den Punkt gebracht: *Reihenfolge, Dauer, Geschwindigkeit und Gleichzeitigkeit* gibt es im Denken von Vorschulkindern praktisch noch nicht.

Reihenfolge

Um den Überblick von Kindern über einen Handlungsablauf in der Vergangenheit zu untersuchen, hatten Piaget und seine Mitarbeiter Kinder aufgefordert, eine Folge von Bildern zu zeichnen und dann als «Fortsetzungsgeschichte» wieder richtig zu ordnen, nachdem Erwachsene sie durcheinandergebracht hatten. Es handelte sich um ziemlich langweilige, aber sehr logische Bildabfolgen, nämlich Zeichnungen von Gefäßen, aus denen nach und nach Flüssigkeit abgegossen wurde. Schulkinder konnten das leicht bewältigen, Vorschulkinder brachten alles durcheinander. Wurde ihnen dann geholfen und sie erkannten den logischen Zusammenhang, konnten sie ihre zuvor aufgestellte Reihenfolge dennoch nicht revidieren und neu rekonstruieren. Sie wurde in ihrer absurden Form einfach wiederholt – sie war im Moment des erstmaligen Sortierens zur Tatsache erstarrt. Noch deutlicher wurde dieses Phänomen beim Rekonstruieren und Nacherzählen von Bildergeschichten. Vorschulkinder konnten weder logische Zusammenhänge erkennen und die Reihe entsprechend ordnen, noch rückten sie von den ersten, wirren Versionen ihrer Geschichte ab, wenn ihnen deren logische Fehler erklärt worden waren.

Dieses Reihenbilden ist für die Entwicklung eines Zeitverständnisses enorm wichtig, denn ohne ein Nacheinander von Ereignissen kann sich keine Zeitvorstellung im Gedächtnis bzw. dem vorausschauenden Geist bilden.

Dauer

Um planen zu können – also in der Zeit zu handeln –, brauchen wir Vorstellungen davon, wie lang eine Aktivität *dauert*. Diese Dauer hängt von dem Umfang der Arbeit *und* der Geschwindigkeit der Aktivität ab. Kinder sehen aber nur den Umfang der Arbeit, die Geschwindigkeit vergessen sie sofort oder nehmen sie überhaupt gar nicht erst wahr. Ein Vorschulkind wird immer davon ausgehen, daß diejenige Aktivität länger gedauert hat, die mehr hervorgebracht hat oder die schwieriger war. Um das Einschätzen von Dauer bei Kindern herauszufinden, hat Piaget sie Striche zeichnen lassen, langsam und schnell, dabei die Zeit gestoppt und dann die Kinder befragt, wie lang sie wohl gearbeitet hätten. Oder er ließ sie Muster aus Holz- und aus Bleiplättchen legen, jeweils in der gleichen Zeitspanne. Kleinere Kinder glaubten immer, daß sie länger gearbeitet hätten, wenn sie viele Striche gezeichnet hatten oder wenn sie die schwereren Bleiplättchen gelegt hatten. Tatsächlich gab es gar keinen Zeitunterschied, sondern lediglich Unterschiede im Arbeitstempo oder im Kraftaufwand. Davon konnten die Kinder aber erst mit etwa sieben bis acht Jahren abstrahieren. Die Tatsache, daß sie die schwierigere Aufgabe auch für die zeitaufwendigere hielten, könnte eine Erklärung dafür sein, daß die meisten Kinder Arbeiten, die sie nicht mögen, besonders langsam ausführen. Sie gehen wohl innerlich davon aus, daß die Zeit um so kürzer wird, je weniger sie sich anstrengen, und sind taub gegenüber den Hinweisen, daß sie doch schneller fertig sind, wenn sie sich beeilen. Erstkläßler und Hausaufgaben sind da eine bekannte und gefürchtete Kombination ...

Geschwindigkeit

Um sagen zu können, ob jemand schnell oder langsam geht, braucht man eine Vergleichsgeschwindigkeit. Das ist unabdingbar, auch wenn wir Erwachsenen glauben, ohne Vergleich beurteilen zu können, ob jemand schleicht oder rennt. Das können wir ja nur, weil wir längst Maßstäbe verinnerlicht haben, anhand derer wir feststellen, wie schnell etwas passiert. Sehen dagegen Vorschulkinder zwei Personen laufen, können sie nur dann angeben, wer von beiden der Schnellere ist, wenn einer den anderen *überholt*. Läuft er in eine andere Richtung oder gar auf einer größeren Kreisbahn als der Langsamere, können sie die Geschwindigkeit der beiden Läufer nicht differenzieren.

So gesehen muß es für ein Kindergartenkind völlig im dunkeln bleiben, was die Eltern wollen, wenn sie beim Schuhanziehen sagen «Beeil dich!».

Und ebenso klar ist, warum man Kinder in dem Alter dadurch «beschleunigen» kann, indem man sie zu einem Wettkampf herausfordert. «Wer hat die Schuhe schneller an – du oder ich?» – schon geht es los! Der Punkt des Überholens ist in Sicht, die Sache bekommt einen faßbaren Sinn. Geschwindigkeit einzuschätzen, ohne sich an Fixpunkten wie dem Überholen zu orientieren, das gelingt dem Kind erst, wenn es im Kopf die körperlich spürbaren Unterschiede einer schnellen und einer langsamen Bewegung katalogisiert hat. Dann kann es nach Bedarf die eine oder die andere Seite dieses Katalogs aufschlagen und beurteilen, ob etwas schnell oder langsam vonstatten geht, und es kann sich selber auch mal beeilen.

Gleichzeitigkeit

Im Kopf eines Erwachsenen können gleichzeitig mehrere Filme ablaufen. Ich stehe z. B. vor meiner Tochter und bin kurz vorm Platzen, weil sie in göttlicher Langsamkeit Geschenkpapier um ein Geburtstagsgeschenk wickelt, während sich vor meinem inneren Auge die anderen Kinder bereits dem Haus des Geburtstagskindes nähern. Ich sehe seine Mutter schon den Kakao wärmen und das Geburtstagskind vor Aufregung zappeln, während meine Tochter in aller Seelenruhe noch ein besonders schönes Schleifchen produzieren will.

So erleben Kinder Zeit

Parallele Aktionen finden im Bewußtsein des Kindes nicht statt. Für ein Kind steht die Welt still. Sie ist, wie sie ist, und bewegt sich nur dort, wo das Kind es sieht und hört. Und was immer geschieht, wird sofort als unumstößliche Tatsache akzeptiert, aber kein Gedanke daran verschwendet, wie es dazu gekommen sein oder wie es weitergehen könnte. Dieses statische und ichbezogene Denken, dieses Nicht-Wissen, daß die Umwelt ein Eigenleben hat, schließt Gleichzeitigkeiten von Bewegungen und damit die Möglichkeit bewußter Koordination aus.

Sie werden auch in Ihrem Alltag Beweise für die hier geschilderten Eigenarten kindlichen Denkens finden. Beobachten Sie einmal, in welchem Sinne Ihre Kinder das Wörtchen «immer» verwenden. Sie verstehen «immer» ganz richtig als «alle Zeit, die ich habe» – aber da sie nur die Gegen- **19**

wart wahrnehmen, heißt das eigentlich gar nichts. Ein Kind, das sich beschwert, «immer» den Müll raustragen zu müssen, beschwert sich eigentlich bloß, daß es das «jetzt» tun soll.

Vielleicht haben Sie auch schon bemerkt, daß Ihr Vorschulkind alles durcheinanderbringt, wenn es Fernsehsendungen sieht, die für Größere gemacht sind. Parallel verlaufende Handlungsstränge, die durch Schnitte getrennt sind, kann ein Kind in diesem Alter nicht zu einer sinnvollen Geschichte verbinden.

Weiter vorn haben wir schon gesehen, daß wir zur Wahrnehmung der Zeit eine Art «Krücke» brauchen. Wie ein Blinder sich des Tastgefühls bedient, um seinen Mangel an Lichtwahrnehmung auszugleichen, bauen wir uns aus Sehen, Tasten, Riechen und Hören unsere innere Uhr zusammen. Diese Sinnesorgane sind unseren Kindern angeboren, aber es sind ja nur die Zahnrädchen, aus denen das Gehirn des Kindes sein Zeitgefühl zusammensetzen muß. Dazu muß es zunächst verstehen, wie die Rädchen überhaupt ineinandergreifen – und dann muß es den Gebrauch dieser inneren Uhr trainieren. Und zwar lange!

Meiner Meinung nach sogar noch viel länger, als Jean Piaget bei seinen Forschungen feststellte. Seine Versuche haben ergeben, daß Kinder im Alter zwischen sechs und acht Jahren weitgehend alle Elemente der Zeitbestimmung begriffen haben und daß sie von zehn Jahren aufwärts Zeit ungefähr so einschätzen können wie Erwachsene. Aber was mußten die Kinder bei diesen Versuchen leisten? Zeichnungen von vollen oder leeren Gefäßen machen, Bildchen sortieren, Striche malen, laufende Männchen beobachten, Holzplättchen oder Bleiplättchen legen, 15 Sekunden nichts tun oder 15 Sekunden ein lustiges Bild betrachten. Unter solch stark vereinfachten Bedingungen hat Piaget wahrscheinlich den Zeitpunkt ausmachen können, an dem die Kinder *verstanden* hatten, wie die «Zahnrädchen» funktionieren und zusammenzusetzen sind. Das heißt noch lange nicht, daß sie mit dieser inneren Uhr bereits sicher umgehen können.

Ich meine: Selbst wenn Kinder mit etwa acht Jahren die Wahrnehmung von Raum und Bewegung so koordinieren können, daß sie daraus auf Zeitabläufe schließen können, wird es noch ungefähr zehn Jahre dauern, bis sie ihre Handlungen nach dieser inneren Uhr ausrichten können.

Der Prozeß des «Übens» verläuft natürlich nicht bei jedem Kind gleich. Ein Achtjähriger, der regelmäßig um sechs Uhr abends bei der Oma ißt, weil die Eltern Schichtdienst haben, wird sicher schneller mit der Uhr umgehen können als ein Kind, das jedesmal von der Mutter gerufen wird, wenn das Essen auf dem Tisch steht.

Die innere Uhr ist ja auch ein recht sperriges Instrument. Dem Kind gelingt es nicht sofort, alle Zahnrädchen der Zeitwahrnehmung gleichzeitig in Gang zu setzen. So kann es wohl die Hausaufgaben als eine Aktivität wahrnehmen, die in seinen Nachmittag «eingeschachtelt» werden muß, aber es unterschätzt ihre Dauer. Und wenn es daran sitzt, bemächtigt sich seiner das eigentlich längst abgelegte Gefühl, daß «wenig machen» dasselbe ist wie «kurze Zeit», und es versucht, durch Trödelei das unangenehme Unternehmen abzukürzen. Das geschieht nicht bewußt, agiert aber mit solcher Macht im Kind, daß es sich trotz guten Zuredens nicht anders verhalten kann. Die Verhaltensweise, eine ungeliebte Tätigkeit besonders langsam zu erledigen, werden Sie bei einem Erwachsenen selten finden, er macht sie eher schlampig oder hastig, oder er drückt sich ganz davor – das stundenlange Trödeln ist eine Spezialität des Kindesalters.

Es gibt noch andere Beispiele: Kinder, die kurz vor Ladenschluß Lust auf einen Stadtbummel bekommen oder am 23. Dezember an Weihnachtsge-schenke denken, die am Vorabend einer Klassenarbeit mit dem Üben be-ginnen oder jetzt ein Treffen vereinbaren wollen, ohne die Pläne des ande-ren zu berücksichtigen. Wahrscheinlich können Sie die Reihe beliebig fort-setzen. Alle Beispiele gehen darauf zurück, daß irgendeines der «Zahnräd-chen» nicht richtig funktioniert hat: die Einschätzung von Dauer, Ge-schwindigkeit oder Gleichzeitigkeit. Und das alles, obwohl das Kind (oder der Jugendliche) intellektuell durchaus imstande wäre, den Zusammen-hang von Aktionen und Zeit zu begreifen.

Wenn Sie diese Gedanken mit in Ihren Alltag nehmen, werden Sie sich vielleicht überlegen, ob Sie von Ihrem Vierjährigen wirklich verlangen sol-len, daß er sich beim Anziehen beeilt, oder ob Sie ihn nicht lieber mit äußeren Anreizen locken, fertig zu werden. Vielleicht werden Sie der Neunjährigen durch Ermutigung oder Diktieren quälender Zahlenreihen durch ihre Hausaufgaben helfen, anstatt darauf zu bestehen, daß sie sich allein durchbeißt. Und Sie werden auch Ihre Großen bei ihrer Terminpla-nung unterstützen in dem Wissen, daß die innere Uhr noch nicht ganz zu-verlässig arbeitet.

Pause, Gong und Stundenplan

Erziehung zur Zeitwachheit

Bei Ihren Bemühungen, Ihre Kinder an die Zeitordnung unserer Gesell-schaft zu gewöhnen, haben Sie recht bald einen konsequenten Partner: die Schule.

Schon am Anfang geht es los: Die Kinder müssen pünktlich sein. Sobald der Gong ertönt, beginnt der Unterricht, wer danach erscheint, bekommt bereits einen Rüffel.

In der Schule wird zunächst zwar erwartet, daß die Eltern für die Kinder die notwendige «Zeitwachheit» aufbringen und sie rechtzeitig auf den Weg schicken. Durch jahrelanges Training werden sie aber unausweichlich die-sen Begriff von Pünktlichkeit in sich aufnehmen.

Eine weitere Lektion enthält der 45-Minuten-Takt der Unterrichtsstunden: Es kommt nicht darauf an, was du machst, sondern wie lange du es machst. Der Stundenplan ist wie ein Kuchenteiler, der auf den Schulvormittag gedrückt wird. Lehrer und Schüler werden dadurch gezwungen, Angebot, Interesse und Aufmerksamkeit in 45-Minuten-Häppchen zu portionieren.

Dazu kommt die Einhaltung eines gewissen Tempos. Schüler lernen, daß es ein Durchschnittstempo gibt, und daß es gut ist, schneller zu sein. Wer zu langsam ist, bekommt die Quittung in Form schlechter Noten. Leistung ist immer an eine begrenzte Zeit gekoppelt, die Leistungsnorm pro Zeiteinheit wird zur Selbstverständlichkeit.

Und so wie der Stundenplan den Vormittag zerteilt, so wird auch die Woche zum Lernziel für die Kinder. Montag, Dienstag, Mittwoch ... – die Tage bekommen über die Fächerverteilung verschiedene Gesichter. Schon in der Grundschule wird bald erwartet, daß die Kinder sich einen Begriff dieser Zeitspanne bilden. Es werden am Montag «Wochenaufgaben» ge- **23** stellt, die bis Freitag erledigt sein müssen. Wie der einzelne die Aufgaben auf die Tage verteilt, ist seine Sache. Das Aufgeben von Wochenaufgaben klingt fortschrittlich, weil es weiträumige Selbstbestimmung erlaubt. Es ist allerdings sehr optimistisch im Hinblick auf die Verinnerlichung von erwachsenen Zeitmustern. Denn ein Kind, das diese Selbständigkeit wirklich aufbringt, hat bereits einen sehr hohen Grad an «Zeitwachheit» erreicht, sein «innerer Aufpasser» ist bereits gut ausgebildet.

Ich will gegen diesen «inneren Aufpasser» nicht Sturm laufen. Kinder müssen Zeitwachheit entwickeln, das ist unumgänglich. Aber ich bin nach sechzehn Jahren miterlebter Grundschulzeit meiner Kinder der Meinung, daß viel zu früh diese Art von «Zeitwachheit» erwartet wird. Grundschulkinder sind noch so stark von äußeren Reizen gesteuert, daß es ihnen außerordentlich schwerfällt, Dinge zu tun, die sich erst in der Zukunft als wichtig erweisen. Heute Aufgaben zu erledigen, damit ich sie übermorgen nicht mehr zu machen brauche – wozu soll das denn gut sein? Übermorgen ist auch für einen Neunjährigen noch lange hin …

Eine ähnliche Art von «Wachheit» erwartet der Lehrer, wenn Kinder sich automatisch ihre Hausaufgaben notieren und ihre Arbeitsblätter abheften sollen. Solche Handlungen, die in der Gegenwart keine, aber in der Zukunft um so größere Bedeutung haben, sind den Kindern eine größere Last als das Rechnen und Schreiben selber, und sie werden oft genug von den Müttern zu Hause erledigt.

Daß es auch Kinder gibt, deren innere Uhr schon in der Grundschulzeit funktioniert, ist kein Gegenbeweis. Die Entwicklung von Zeitempfinden und vorausschauender Zeitplanung ist sehr verschieden. Wenn Lehrer glauben, weil fünf der fünfundzwanzig Kinder die Wochenaufgabe selbständig erledigen und ihre Arbeitsblätter ordentlich abheften, müßten die anderen es doch auch lernen, halte ich für einen Fehlschluß. Diese zwanzig anderen brauchen einfach jahrelang noch Aufforderungen – und mit achtzehn können sie es genauso gut wie die Vorreiter in Sachen «Zeitwachheit».

Nun gibt es Versuche, diesen heimlichen Lehrplan der Zeit-Schule dem Lerntempo und Zeitempfinden der Kinder besser anzupassen. Es werden **24** Projektwochen organisiert, Stunden gebündelt und Fächer epochal angeboten. Das sind nachahmenswerte Versuche, dem spezifischen Zeitempfinden von Kindern gerecht zu werden. Manche Schulen stellen sogar den Schulgong ab, um die Brutalität des «Kuchenteilers» zu mildern. Ist das allerdings nicht mit einer Auflösung der 45-Minuten-Schulstunde verbunden, nimmt es den Kindern gerade das, woran sie Zeit noch am ehesten ablesen können: ein sinnlich wahrnehmbares Zeichen.

Wenn Minuten zu Stunden werden

Zeiterleben im versunkenen Tun

Diese vorangegangenen Schilderungen erfassen unseren «Normalzustand» von Zeiterleben. Aber Menschen können auch in einen Zustand der Selbstvergessenheit geraten, der die Zeit stillstehen läßt und aus dem sie irgendwann verwundert wieder auftauchen. Sportler, die alle ihre körperlichen und geistigen Kräfte einsetzen, Künstler, die souverän ihr Medium beherrschen und gestalten, Handwerker, die mit Freude etwas konstruieren, sie alle kennen Augenblicke, in denen Sekunden zu Stunden werden oder Stunden vorbeigehen, ohne daß sie das gemerkt haben.

Wie kommt das? Die Antwort liegt vermutlich im Aufbau unseres Gehirns. Unsere linke Gehirnhälfte ist auf logisches Denken spezialisiert, erfaßt Vorgänge in ihrer zeitlichen Ordnung und kann solche Ordnungen auch in die Zukunft projizieren. Die rechte Hirnhälfte dagegen nimmt eher subjektiv und ganzheitlich wahr und denkt eher in Gestalten als in Begriffen. Je nachdem, welche Gehirnhälfte bei einer bestimmten Aktivität stärker beansprucht wird, ist das Zeitbewußtsein ständiger Begleiter des Tuns oder ganz in den Hintergrund gedrängt. Wenden wir uns einer Sache zu, die starke räumliche oder gestalterische Komponente hat, wie z. B. Sport (Zielen, Laufen, Fangen) oder kreative Tätigkeiten (Malen, Modellieren, auch Nähen oder Gärtnern), kann unser Gehirn so tief auf den «Rechts-Modus» umschalten, daß Zeit für uns keine Rolle mehr spielt und demzufolge auch gar nicht oder völlig verzerrt wahrgenommen wird.

Dieses Vergessen von Zeit hat etwas außerordentlich Erholsames an sich. **25**

Durch das Ausschalten des analytischen Denkens, das das Selbst von der Umwelt unterscheidet, kommt ein umfassendes Gefühl von Einssein mit der Welt zustande, aus dem man tief aufatmend und gestärkt wieder auftaucht.

Kinder, die in ihr Spiel vertieft sind, leben uns diesen Zustand immer wieder vor. Das heißt nicht, daß sie sich unbedingt *lange* einer Sache widmen können, aber sie tun es immer *ganz*. Und in solchen Zeiten setzt ihr sowieso noch unentwickeltes Zeitgefühl vollständig aus. Wenn also Ihr Sohn eine Stunde zu spät mit roten Backen aus dem Wald kommt, weil er dort mit seinem Freund ein Baumhaus gebaut hat, dann trifft der Vorwurf, er hätte doch wirklich auf seine Armbanduhr schauen können, ins Leere. Er konnte es eben nicht.

Auch Sie können dieses Heraustreten aus der Zeit erleben, wenn Sie Sport treiben oder sich einem kreativen Hobby widmen, selbst wenn die Ergebnisse dieser Tätigkeit nicht zu den Meisterleistungen abendländischer Kultur zählen.

In der Familie gibt es noch einen Weg, aus dem «linkslastigen» Denken auszusteigen, und sei es nur für wenige Augenblicke: Nehmen Sie sich gegenseitig in den Arm, ganz bewußt, mit offenen Augen und offener Seele.

Aus diesen fünf Sekunden kann eine Sternstunde Ihres Tages werden. Ich dachte oft beim Stillen: «Das ist die Ewigkeit!» – und das glaube ich bis heute. Intensive menschliche Nähe verweigert sich jedem Zeitmaß. Und je mehr wir uns auf sie einlassen, um so mehr «Ewigkeit» können wir für uns gewinnen.

Erst schleicht sie bloß, dann rennt sie los

Das unterschiedliche Tempo der Zeit

Die Zeit läuft unterschiedlich schnell. Für Kinder scheint sie zu stehen, für junge Erwachsene breitet sie sich scheinbar endlos aus, für ältere Menschen rast sie dahin. Wie kommt das?

Wir sind eigentlich alle noch so wie die Kinder, die glauben, daß viel Zeit verstreicht, wenn viel passiert. Wir *wissen* zwar, daß dieser Schein trügt, aber wir *fühlen* trotzdem anders.

Für ein Kind passiert ständig unglaublich viel. Sein Organismus wächst, sein Stoffwechsel arbeitet in hohem Tempo, sein Gehirn nimmt Neuigkeit um Neuigkeit auf – das Leben ist eine Drehbühne, auf der ständig Unbekanntes zu sehen ist.

Je älter wir werden, um so mehr ebbt der Zustrom an Neuigkeiten ab. Auch wir selber verändern uns nicht mehr so schnell. Der Stoffwechsel verlangsamt sich im Lauf des Lebens immer mehr. Ältere Menschen haben nicht nur beim Blick auf ihr ganzes Leben das Gefühl, die Zeit rase dahin, sondern sogar dann, wenn sie nur wenige Minuten abschätzen sollen, meinen sie bereits nach drei Minuten, es seien schon vier vergangen. Neurologen führen diese Erscheinung auf den Dopaminstoffwechsel im Gehirn zurück, dessen Produktion im Alter verlangsamt werde.

Vielleicht werden deshalb ältere Menschen immer ängstlicher, wenn sie zu einem bestimmten Ereignis pünktlich sein müssen. Jüngere Erwachsene oder gar Jugendliche mögen das lästig und lächerlich finden, aber in jungen Jahren ist wohl nicht nachvollziehbar, wie kurz einem Älteren die Zeit erscheint, in die er alle notwendigen Verrichtungen einschachteln muß. **27**

Umgekehrt kann dieses «Stoffwechselmodell» vielleicht (teilweise) erklären, daß Teenies in aller Seelenruhe bis drei Minuten vor der Abfahrt damit warten können, sich zu schminken, ihren Schlüssel zu suchen und die Freundin noch schnell anzurufen – Situationen, in denen die Eltern rasend werden und die Kinder stöhnen «Was habt ihr bloß?».

Lebenszeit scheint sich wirklich zu beschleunigen, leider. Aber Sie haben als Eltern schon eine der wirksamsten Zeitbremsen in Ihr Leben eingebaut: Ihre Kinder.

Wenn Sie intensiv das Heranwachsen Ihrer Kinder begleiten, nehmen Sie noch einmal an der gegenwärtigen Zeitlosigkeit eines Kinderlebens teil.

Mädchen, Mutter – und was dann?

Über Lebenspläne und Lebenszeit

Wieviel Zeit man für die Familie hat, hängt nun nicht nur mit Zeitgefühl und Organisation zusammen, sondern auch damit, wie sich die Phasen der Ausbildung, des beruflichen Werdegangs, der Familiengründung, des Heranwachsens der Kinder, deren Sprung aus dem Nest und das Leben danach auf die Lebensspanne des einzelnen verteilen.

Auf diesem Feld haben Soziologen viele Untersuchungen angestellt. Wie hoch ist das Heiratsalter, wie viele Kinder bekommen die Frauen, wie viele können sie großziehen, in welchem Alter beenden sie ihre «Reproduktionsphase», und welche Lebenserwartung bleibt ihnen dann noch? Hier haben sich in den letzten hundert Jahren dramatische Veränderungen vollzogen, denen unsere gesellschaftlichen Strukturen leider noch nicht gerecht werden.

Wahrscheinlich haben auch Sie nach der Schulzeit eine Ausbildung absolviert, sind anschließend mit vollem Einsatz in den Beruf eingestiegen – und mußten dann das Problem lösen, Kind und Beruf unter einen Hut zu bekommen.

Sie können von Glück sagen, wenn Sie eine Regelung gefunden haben, bei der niemand draufzahlen muß. Denn in der Regel bedeutet bei uns der

Aufbau einer Familie parallel zum Start einer beruflichen Karriere sehr hohe Belastungen in vielerlei Hinsicht. Nun sind die Menschen in dieser Lebensphase jung, darum packen sie solche Aufgaben an und denken nicht viel darüber nach. Aber die berühmte «Doppelbelastung» von Frauen durch Kinder und Beruf müßte eigentlich nicht sein, wenn berücksichtigt würde, daß Frauen nach der Zeit, die sie für die Kleinkindbetreuung aufbringen, längst nicht so erschöpft sind wie ihre Geschlechtsgenossinnen vor fünfzig bis hundert Jahren. Deren Eheleben bedeutete im Regelfall, etwa alle zwei Jahre schwanger zu werden, und das bis zu den Wechseljahren – also etwa ein Drittel ihres ganzen Lebens!

Dagegen verbringen heute auch Frauen, die drei oder mehr Kinder haben, selten mehr als zehn Jahre ihres Lebens mit Schwangerschaften, Stillzeiten und Kleinkindbetreuung. Allein deshalb spielt der Beruf eine viel größere Rolle für sie, und um ihn wirklich langfristig befriedigend ausüben zu können, ist für viele ein Aussetzen während der Familienphase kaum denkbar.

Den Männern geht es dabei nicht viel besser. Viele engagieren sich stärker für die Familie, nicht nur, weil sie von den Frauen in die Pflicht genommen werden, sondern auch aus dem eigenen Wunsch heraus, mit Kindern elementare menschliche Erfahrungen zu machen. Im Verbund mit der beruflichen Belastung ist dadurch auch für viele Männer die Grenze des Erträglichen erreicht.

Die Arbeitswelt hat sich auf diese Veränderungen aber noch kaum eingestellt. Wer mit Ende Dreißig in einer Ausbildung aufkreuzt, trifft auf Strukturen, die die größere Erfahrung, aber auch die zeitlich geringere Flexibilität solcher Späteinsteiger kaum berücksichtigen. Dabei wäre es durchaus sinnvoll, zwischen zwanzig und dreißig eine Familie zu gründen, auch wenn noch nicht alle beruflichen Ziele erreicht sind, und diese dann anzustreben, wenn die Kinder keine Rundum-Betreuung mehr brauchen. Einer so «nachgezogenen» beruflichen Qualifikation käme die größere Erfahrung und menschliche Reife von Familienvätern und -müttern sicher zugute, die um die Vierzig eine zweite und diesmal kontinuierliche Berufstätigkeit anstreben.

Zukunftsmusik. Für uns geht noch kaum ein Weg daran vorbei, in jungen Jahren mit der Doppelbelastung durch Beruf und Familie zurechtzukommen. Es ist aber nicht ausgeschlossen, daß sich vielleicht gerade für Sie eine Möglichkeit denken läßt, auch in später noch eine erweiternde Qualifikation zu erwerben – und sich jetzt Zeit für die Familie zu nehmen.

Nutze den Tag!
Über den Umgang mit Zeit

Die Allgegenwart von Uhren ist uns heute so selbstverständlich wie Tag und Nacht. Dabei tauchten die ersten mechanischen Uhren erst im Mittelalter als Stundenglocken in Klöstern auf. Auch größere Uhren, mit denen in reichen Städten Kirchen und Rathäuser ausgestattet wurden, dienten zunächst keineswegs dazu, der Bevölkerung einen Lebenstakt vorzugeben, sondern waren im Grunde eher kultische Objekte, die als Abbild der Universums galten.

Eine Zeitmessung in unserem Sinne setzte erst ein, als Galileo Galilei Ende des 16. Jahrhunderts die Pendelgesetze für die Zeitmessung entdeckte. Die Pendeluhr hat mit allen anderen Zeitmeßmethoden von der Sonnenuhr bis zur Atomuhr eines gemeinsam: Es wird nicht Zeit an sich gemessen, sondern räumlich-physikalische Veränderungen eines Gegenstandes im Verhältnis zu anderen: Die Sonnenuhr malt das Wandern der Sonne, eine Uhr mit Gewichten trotzt der Schwerkraft eine gleichmäßig gebremste Bewegung ab, eine Pendeluhr legt im Hin und Her des Pendels lange Wege zurück. Elektrisch betriebene Uhren geben gesteuert Energie ab, und einzig die Atomuhr verlegt die physikalischen Veränderungen in den nicht mehr sichtbaren Bereich.

Zeit ist also nichts anderes als das Verhältnis von Veränderungen zueinander. Wenn im Sommer die Tage «länger» werden, heißt das nichts anderes, als daß im Verlauf des hellen Tages mehr Wasser den Fluß hinabfließen kann als im Winter, wenn die Sonne einen kürzeren Weg am Himmel zurücklegt. Auch unsere Sprache benennt Zeit und Raum mit den gleichen Worten: ein langer Tag, ein langer Weg.

Ankunft 14.57 Uhr – Abfahrt 15.13 Uhr

Vom Nutzen der Zeitmessung

Warum nun war es auf einmal wichtig, so viele genaue Zeitmesser zu haben? Jahrtausende lang ging es doch auch ohne …

Ein Grund mag darin liegen, daß mit dem ausgehenden Mittelalter die Menschen ihr Vertrauen in einen lenkenden Gott zunehmend verloren. Auch die Zeit verstand man nicht mehr nur als von Gott empfangen, sondern als vom Mensch gestaltet, und man durfte sie darum auch messen und verwalten.

Aber es gibt auch handfestere Gründe. Eine arbeitsteilige Industriegesellschaft braucht einen gleichmäßigen Takt, um ihre Teilbereiche synchronisieren zu können, und so gehörte zur Industrialisierung auch der Kampf um den Zeittakt. Für uns ist es kaum noch vorstellbar, daß noch vor 100 Jahren Menschen es als höchst empörenden Eingriff in ihre persönliche Freiheit empfanden, wenn ihnen jemand vorschreiben wollte, wann Mittag zu sein hatte. Machen wir uns klar: *Uhrzeit ist eine menschliche Vereinbarung, kein Naturgesetz.* Wenn im letzten Jahrhundert auf vielen Bahnstationen mehrere verschiedene Uhren standen – eine mit Ortszeit und eine weitere für jede Bahngesellschaft, die dort verkehrte –, dann war das nichts anderes, als wenn in den Hemden, die wir heute kaufen, deutsche, französische und amerikanische Größen stehen.

Allerdings: für das Transportwesen war das auf die Dauer unhaltbar. Wie sollte man einen vernünftigen Eisenbahnfahrplan erstellen, wenn an jeder Bahnstation die Uhren anders gingen?

Im Jahre 1884 wurde folgerichtig auf einer Konferenz in Washington von 27 Nationen gemeinsam die Regelung der noch heute gültigen Zeitmessung vereinbart, die entlang von 24 Längengraden die ganze Welt in Zeitzonen aufteilt. Aus praktischen Gründen werden diese an den Längengraden ausgerichteten Uhrzeiten durch Ländergrenzen modifiziert.

Allerdings: Auf die Minute pünktlich zu sein, wollte erst gelernt sein. Deshalb wurden Pünktlichkeit und Disziplin zu allgemein menschlichen Tugenden erhoben und in den Kanon der Erziehungsziele für die Jugend eingereiht. So wurden Schuluhren mit den Worten angepriesen: «Wenn es eine Tugend gibt, die jeder, der es im Leben zu etwas bringen will, stärker kultivieren sollte, so ist es die Pünktlichkeit; wenn man eine Untugend ablegen sollte, so ist es das Zuspätkommen.» Oder: «Ordnung, Pünktlichkeit und Regelmäßigkeit sind die Kardinalprinzipien, um das Denken junger Menschen zu prägen.» (Zitiert nach Levine, 1997, S. 107.)

Aber schon damals galt: Vertrauen ist gut, Kontrolle ist besser. Und so wurden bereits 1885 die ersten Stechuhren erfunden, denn auf die reine Moral mochte man sich doch nicht verlassen.

Und die Zeitmessung drang noch weiter vor, getrieben von der gewaltigen Gier der Industrie nach Koordinierung. Frederick Taylor, der «Vater des wissenschaftlichen Managements», filmte schon Anfang dieses Jahrhunderts die Bewegungsabläufe von Industriearbeitern und analysierte sie auf Zehntelsekunden genau. So konnte er einzelne Arbeitsabläufe «sinnvoll», d. h. «zeitsparend», zerlegen und den am Fließband aufgereihten Menschen so zuordnen, daß möglichst wenig Verluste durch unproduktives Hin und Her von Händen, Armen oder gar Füßen entstanden. «Taylorisierung» wurde zum Inbegriff der Anpassung des Menschen an die Maschinenproduktion und ließ den einen das Herz höher schlagen – wenn ihnen die Fabrik gehörte – und den anderen in die Hose rutschen – wenn sie darin arbeiten mußten.

Takt und Rhythmus

Was machen die Uhren mit der Zeit?

Nun haben die Menschen vor der Erfindung mechanischer Zeitmesser ja nicht ohne Regelmäßigkeiten gelebt. Was unterscheidet nun eigentlich ein Leben mit Uhr von dem Leben ohne Uhr?

Die Uhr löst die Zeit von den Tätigkeiten der Menschen ab, indem sie neben dem arbeitenden Menschen steht und ihrerseits eine völlig abstrakte «Tätigkeit» verrichtet, nämlich Ticken und Drehen von Zeigern. Wir billigen nun dem Vergleich von Uhrenarbeit und Menschenarbeit ein moralisch gefärbtes Urteil darüber zu, ob ein Mensch seine Arbeit rechtzeitig er-

ledigt oder wieviel er geleistet hat. Dabei bleibt außer acht, daß ein unpünktlicher Mensch sehr zuverlässig sein kann und ein langsamer äußerst tüchtig. Die mechanische Uhrzeit fördert also nicht die menschliche Moral, sondern bietet lediglich die Möglichkeit, menschliche Arbeit in einer Größenordnung zu koordinieren, die ohne Uhr undenkbar wäre.

Uns ist diese Koordinationsfunktion der Uhr so geläufig, daß wir sie kaum noch wahrnehmen, geschweige denn in Frage stellen. Wir nehmen die Möglichkeit minutengenauer Planung über Monate hinweg als unverzichtbare Grundlage unseres Lebens an, und wehe, wenn es nicht klappt, dann regen wir uns schrecklich auf.

Nun war es ja nicht so, daß zu uhrenlosen Zeiten keine Koordination stattfand. Aber diese Koordination war anpassungsfähig an die Gegebenheiten des Augenblicks. Die Arbeitsplanung der Bauern paßte sich dem Wetter an, die Dauer einer Reise hing von der Beschaffenheit der Wege ab, eine Sitzung dauerte, bis das Problem gelöst war. Die Unmöglichkeit, Termine paßgenau aneinanderzusetzen, verhinderte von vornherein, daß man sich zuviel vornahm. Es blieben elastischere Freiräume, die die Menschen eigenverantwortlich gestalten konnten. Die Uhrzeit als gesamtgesellschaftliches Raster, in das jeder sein persönliches Leben einzupassen hat, läßt dagegen wenig Raum für solche «weiche Zonen», sie sind ja nicht mehr nötig als Koordinationspuffer.

Der Siegeszug der Uhr war denn auch immer von kritischen Stimmen begleitet. Schon in den Anfängen der Zeitkoordinierung protestierten Lokalpatrioten, die sich von den Machtzentralen vereinnahmt fühlten, und nachdenkliche Pädagogen und Künstler sahen den Menschen von der Unerbittlichkeit der Uhr vergewaltigt. Der mathematische Takt zwingt das Individuum, von sich selbst Abstand zu nehmen – das haben sensible Zeitgenossen schon immer erkannt.

Schildkröte und Eintagsfliege

Zeitwahrnehmung jenseits von Uhr und Kalender

In der Literatur über «Zeit» finden sich verschiedene Versuche, das Zeiterleben von Menschen jenseits von mechanischer Uhrzeit begrifflich zu fassen. Eine weitverbreitete Definition spricht von «zyklischer Zeit», im Gegensatz zu «linearer Zeit» (Geißler 1997). Oder es ist die Rede von «Ereigniszeit» versus «Uhrzeit» (Levine 1998), von «erfahrbarer Zeit» gegenüber der «abstrakten Zeit» (Gronemeyer 1996). Dann gibt es die Unterscheidung zwischen dem «polychronen» und dem «monochronen» Menschentyp (Levine 1998, S. 139). Ein anderer Denkansatz mißt jedem Lebewesen seine «Eigenzeit» zu, die Eintagsfliege erlebt demnach genauso «ihre Zeit» wie die zweihundertjährige Schildkröte (vgl. Plattner 1996).

Jeder dieser Begriffe versucht etwas davon zu beschreiben, wie Menschen das Aufblühen und Vergehen ihrer eigenen Lebensspanne erleben. In dem Begriffspaar «zyklisch-linear» spiegelt sich die Erfahrung des Menschen mit der Natur wider. Wir wissen: Der Sommer, der dem Winter Platz machen muß, kehrt im nächsten Jahr wieder, die Blätter, die verwelken und vom Baum fallen, treiben im nächsten Jahr neu aus, Menschen und Tiere sterben, aber neue werden geboren. Aus Freude wird Trauer und wieder Freude – es gibt ein ständiges Werden und Vergehen. Gesellschaften, die wenig Wert auf Individualität legen, können das als ewige Wiederkehr **35** interpretieren, ganze Religionen bauen auf dem Gedanken der Wiedergeburt auf.

«Zyklische Zeit» kann man nicht verschwenden. Der Tag, den ich heute nicht nutze, kehrt ja morgen wieder. «Lineare Zeit» bedeutet dagegen, einen Anfang und ein Ende anzunehmen. Zeit ist dann ein begrenztes Gut, was verronnen ist, ist endgültig dahin. In diesem Denken liegt der Keim für Streß und Panik – wir kennen das. Denn seit dem Mittelalter hat diese Auffassung von Zeit unsere europäische Kultur immer tiefer durchdrungen, wir zählen schon die «verschwendeten» Nanosekunden unserer Computer.

Denken in «zyklischer Zeit» fällt uns schwer, dazu hat uns das lineare Zeitverständnis zu sehr geprägt. Leichter nachvollziehbar ist eine Sichtweise, die sich an «Ereigniszeit» ausrichtet. Es gibt auch heute Kulturen, die sich der Herrschaft der Uhr nicht gänzlich unterworfen haben und noch immer dadurch Zeiten angeben, daß sie Abläufe als Bezugsgröße nennen: «Dann, wenn die Kühe saufen» oder «So lange es dauert, eine Heuschrecke zu braten» (vgl. Levine 1998, S. 135).

«Ereigniszeit» oder «erfahrbare Zeit» hängen nun eng zusammen mit dem Begriff der «Eigenzeit», und darüber bekommt die «Ereigniszeit» doch einen schillernden Charakter. Denn es haben ja nicht nur die Eintagsfliegen und die Schildkröten ihre Eigenzeit – im Grunde unterscheiden sich schon die Eigenzeiten der Menschen gewaltig voneinander. Der eine ist rasch, der andere wenig ermüdbar, ein nächster braucht für alles doppelt so lang – ohne daß irgend etwas Unnormales dabei wäre.

Ereignisse als zeitliche Koordinaten zu verwenden, führt fast zwangsläufig zu dem, was bei Robert Levine «polychrone» Kultur heißt. Dabei existieren viele verschiedene Zeitvorstellungen nebeneinander, und man muß sich ständig mit den anderen Menschen auf gemeinsame Vorstellungen einigen. In solchen Kulturen stehen die Menschen im Vordergrund und nicht die Uhr.

Polychrones Zeiterleben gibt es auch bei uns: im Leben mit Kindern. Vor allem Mütter sind Meisterinnen in diesem Nebeneinander von Tätigkeiten und Aufmerksamkeiten. Gleichzeitig kochen, Kinderstreit schlichten und telefonieren ist noch eine der leichteren Übungen im Mutteralltag. Aber so manche Frau verzweifelt auch an dieser Gleichzeitigkeit der Anforderungen, die das Leben mit Kindern stellt – nicht nur, weil es wirklich schwierig ist, sondern weil es gesellschaftlich gesehen als minderwertige Art der Arbeitsbewältigung eingestuft wird.

Dabei hat auch die polychrone Lebensform ihre Berechtigung und wird in vielen Gesellschaften auch von Erwachsenen gelebt. Für Sie als Eltern kann es eine große Bereicherung sein, immer wieder zwischen der Monochronie Ihrer Erwachsenenwelt und der Polychronie Ihrer Familienwelt zu wechseln. Die monichrone Ordnung ist nicht das einzig richtige. Schnell auf menschliche Bedürfnisse zu reagieren, schnell umzuschalten oder zwei Dinge gleichzeitig zu tun, ist unter bestimmten Lebensbedingungen kein Zeichen von Zerfahrenheit, sondern eine kompetente und produktive Leistung.

Zeit für Arbeit, Zeit für dich, Zeit für mich

Die Verwandlung von Lebenszeit in Funktionszeit

Im 18. Jahrhundert wurde von den Fabriktürmen noch eine neue Entwicklung eingeläutet: Arbeitszeit wurde von sozialer Zeit getrennt. Vor dem Glockenschlag war der Mensch privat, mit dem Glockenschlag wurde er zum Teil der Produktionsmaschinerie, bis ihn die Abendglocke wieder in die eigene Zeit entließ.

Die Handwerker und Bauern in den Jahrhunderten zuvor kannten solche scharfen Grenzen zwischen privat, geschäftlich und öffentlich nicht. Familienleben fand während der Arbeitszeit statt, und Arbeit war Teil des Familienlebens. Das war sicher nicht immer idyllisch. Aber Gespräche auf dem Weg zum Feld, beim Instandsetzen von Werkzeugen, beim Wasserholen und beim Handeln ließen kein soziales Vakuum während der Arbeitszeit aufkommen, das dann abends im trauten Familienkreise aufgefüllt werden mußte.

Nun bedeutet die Aufteilung in Arbeitszeit und Freizeit heutzutage ja nicht, daß während der Arbeitszeit keinerlei Kontakte stattfänden. Aber in den wenigsten Fällen decken sich die persönlich bedeutungsvollen Beziehungen mit denen am Arbeitsplatz. Bis auf ein paar Fotos im Spind oder über dem Schreibtisch ist die Familie am Arbeitsplatz abwesend, und ein Foto von den Kollegen über dem Eßtisch zu Hause wird man schon gar nicht finden.

Dieses Denken ist uns so sehr in Fleisch und Blut übergegangen, daß wir weitgehend sogar die Zeit, die wir in unserem privaten Rahmen verbringen, in lästige Arbeitszeit, begehrenswerte Sozialzeit und Zeit für uns selber einteilen. Denn Arbeit gibt es auch in den eigenen vier Wänden genug – und wir sehen zu, sie so schnell wie möglich hinter uns zu bringen, damit wir endlich Zeit für das «richtige» haben. Waschen, Kochen, Putzen, Aufräumen – all das zählt eigentlich nicht und wird mit Blick auf den Spaziergang, das Spielen mit den Kindern, das Kino, den Kaffeeklatsch oder das gemütliche Lesestündchen so schnell wie möglich erledigt. Dieses Denken beziehen wir nicht einmal nur auf die Stunden des Tages. Das ganze Jahr teilen wir ein in «Arbeitszeit» und «Urlaubszeit» – und nur die zählt wirklich als *unsere* Zeit. Nicht selten überfrachten wir diese wenigen Wochen mit so vielen Hoffnungen auf Entspannung und Erleben, daß allein in diesen Hoffnungen schon der Keim der Enttäuschung liegt.

Vor einiger Zeit fragte mich eine Frau, wie ich das nur machen würde: vier Kinder, Haushalt, Ehe und Bücher-Schreiben, ihr würde mit einem Kind schon manchmal alles zuviel. Zuerst konnte ich ihr gar keine Antwort geben, aber dann fiel mir auf: Ich kann meinen chronischen Mangel an «Zeit für mich selber» dadurch gut aushalten, daß ich bei allem, was ich scheinbar für andere tue, das Gefühl habe, daß ich es so und nicht anders will und darum jede Minute für andere eingesetzte Zeit doch auch meine Zeit ist.

Inmitten all der Theorie möchte ich Ihnen hier einen sehr praktischen Vorschlag machen: *Versuchen Sie, in Ihrem privaten Bereich Arbeitszeit und Sozialzeit wieder miteinander zu verbinden.* Gehen Sie gemeinsam einkaufen, kochen Sie gemeinsam, bringen Sie gemeinsam den Garten in Ordnung, oder räumen Sie gemeinsam die Wohnung auf. Sie werden Zeit für Gespräche finden, Sie werden gemeinsam Entscheidungen treffen, sich vielleicht auch mal einer über den anderen ärgern, und Sie werden sich gemeinsam an dem Ergebnis Ihrer Arbeit freuen. Ich vermute, daß Sie solche gemeinsam erledigten Dinge weniger unter der Rubrik «Ich habe etwas mit meinem Partner zusammen unternommen» registrieren als eine gemeinsame Radwanderung, selbst wenn Sie sich dabei viel intensiver miteinander unterhalten konnten. Das ist kein Argument gegen Radwanderungen, verstehen Sie mich nicht falsch. Entspannte Freizeit miteinander zu teilen, ist viel wert, aber Arbeit kann eben auch geteilt werden. Werfen Sie mit Arbeit verbrachte Stunden nicht achtlos auf den Müll des Vergangenen, auch sie enthalten wertvolle Momente von Gemeinsamkeit!

Gerade im Zusammenleben mit Kindern beschert uns eine solche Sichtweise viele zusätzliche Stunden mit den Kindern, ohne daß dem Tag auch nur eine Minute hinzugefügt würde.

«Und reget ohn Ende die fleißigen Hände ...»
Über den Zwang zur sinnvollen Nutzung von Zeit

Haben Sie Zeit? Vermutlich nicht, sonst würden Sie dieses Buch nicht lesen. Aber selbst wenn Sie Zeit haben – sagen Sie das bloß nicht laut!

Wer Zeit hat, ist verdächtig. Verdächtig, faul zu sein, verantwortungslos – und unbedeutend. Und darum strebt hierzulande jeder, auch der Jugendliche und der Rentner, danach, möglichst beschäftigt zu erscheinen.

Das war nicht immer so. Das rastlose Nutzen der Zeit für zweckvolle Tätigkeiten ist eine europäische Erscheinung, die sich seit dem Ende des Mittelalters anbahnte und mit der Aufklärung im 18. Jahrhundert zur allgemein anerkannten Maxime wurde. In dieser Zeit schrieb Friedrich Schiller sein berühmtes «Lied von der Glocke», dem das Zitat in der Überschrift entstammt. Mit diesen Worten beschrieb er die «züchtige Hausfrau» ...

Arbeiten müssen Menschen in anderen Kulturen natürlich auch. Aber Zeit, die nicht mit Arbeit gefüllt wird, als vertan zu betrachten, das ist eine ausgesprochen europäische Erscheinung, die sich allerdings mit der Industrialisierung über die ganze Welt verbreitet hat. Was im einzelnen diesen **39**

Prozeß in Gang gesetzt hat, läßt sich schwer nachvollziehen, und schon gar nicht in der hier notwendigen Kürze. Aber eine Tendenz läßt sich ausmachen: Je weniger Gottes Walten in der Zeit des Menschen angenommen wurde, um so mehr mußte er selber die Verantwortung für die Gestaltung seines Lebens übernehmen. Das schenkte Freiheit – und machte Angst. Und so läßt sich erklären, warum mit dem ausgehenden Mittelalter eine wahre Lawine von Erfindungen losbrach.

Mit Maschinen, Verkehrsmitteln und landwirtschaftlichem Gerät ließ sich ein Teil der Unsicherheit abpuffern, die materiellen Lebensbedingungen wurden berechenbarer. Aber es trat noch ein weiterer Effekt ein: Die Menschen meinten zunehmend, so viel äußeres und inneres Erleben wie möglich in diesem Erdendasein unterbringen zu müssen, denn was dann kam, war bestenfalls unsicher und schlimmstenfalls ein Schrecken und ein Nichts. Es entstand ein Druck auf die Lebenszeit, der zuerst durch das Füllen von Leerzeiten und dann durch Erhöhung der «Erlebnismenge pro

Zeiteinheit», sprich durch Beschleunigung, spürbar wurde (vgl. Grone-meyer 1993, S. 73).

Zunächst waren die Menschen allerdings noch so sehr daran gewöhnt, Gott als den Maßstab ihres Handelns anzunehmen, daß auch die neuen Prinzipien als von ihm gesetzt verbreitet werden mußten. Vor allem im Calvinismus wurde Zeit als von Gott anvertrautes Gut betrachtet, über dessen Nutzung der einzelne dereinst Rechenschaft ablegen muß. Im Verbund mit der außerordentlichen Sittenstrenge dieser Lehre entstand ein Lebenskonzept, in dem *Nichtstun verwerflich* und viel Arbeit bedeutungsvoll ist. Heute haben wir diese Wertvorstellungen schon so weit verinnerlicht, daß wir Gott gar nicht mehr brauchen, um sie für verbindlich zu halten.

Die göttliche Forderung, die geschenkte Zeit sinnvoll zu nutzen, ließ sich nun auch noch durch *Beschleunigung* erfüllen, denn durch die fortschreitende Verbreitung von Uhren wurde Geschwindigkeit meßbar. Im Zuge der Aufklärung, die in der zweiten Hälfte des 18. Jahrhunderts die Vernunft an die Stelle des Glaubens setzte, wurden vor allem für die Jugend die ersten Anweisungen zum Zeit-Sparen gegeben: «Es ist darum zu thun, dass man schnell schreiben könne und nicht nur schön ...» (Pestalozzi, zit. nach Neumann 1993, S. 149).

Kampf dem «alten Adam»

Modernes Zeitmanagement als Zähmung menschlicher Bedürfnisse

Dieses Lob der Schnelligkeit zeigt, daß Zeit nun auch unter ökonomischen Gesichtspunkten betrachtet wurde.

Zunächst beschränkte sich das auf die Reglementierung des Arbeitstages, auf das pünktliche Erscheinen und den Verzicht auf selbstbestimmte Pausen. Dieser Umgang mit Arbeitszeit wurde im Verlauf des 19. Jahrhunderts im Bewußtsein der Bevölkerung verankert und ist uns mittlerweile so selbstverständlich, daß wir kaum glauben können, es sei einmal anders ge-   **41**

wesen. Am Ende dieser Entwicklung standen die Versuche Frederick Taylors, körperliche Arbeitsabläufe zu optimieren (s. a. S. 35).

Die Arbeitswelt änderte sich. Vor allem in jüngster Zeit wurde körperliche Arbeit zunehmend überflüssig, die Menschen werden in vielen Bereichen nur noch als Kontrollinstanz einer elektronischen Steuerung gebraucht. Damit haben sich neue Probleme in der Anpassung des Menschen an die Arbeitswelt ergeben. Bei den vorwiegend organisierenden, verwaltenden und kontrollierenden Arbeitsplätzen erweisen sich viele menschliche Eigenarten als außerordentlich lästig. Menschen vergessen leicht etwas, lassen sich schnell ablenken und neigen dazu, unangenehme Arbeiten vor sich her zu schieben.

Der amerikanische Managementtrainer Alec Mackenzie schreibt denn auch bereits Anfang der siebziger Jahre ganz unverblümt: «Die grundlegenden Ursachen vieler Probleme im Umgang mit Zeit lassen sich auf **42** einige mächtige Tendenzen in der Natur des Menschen zurückführen.

Praktisch alle Zeitmanagement-‹Regeln› laufen den Gesetzen der menschlichen Natur zuwider. Dieser starke psychische Einfluß bereitet uns Schwierigkeiten bei der Erledigung der Dinge, die wir zu erledigen haben. Betrachten wir einige Fallen, in denen uns die menschliche Natur gefangenhält. (…) Das eigene Ich. Der Wunsch, anderen einen Gefallen zu tun. Die Angst, andere zu verletzen. Die Angst vor neuen Herausforderungen. Neugier. Unsicherheit. Stolz auf die eigenen Fähigkeiten; Neid auf die Fähigkeiten anderer. Ehrgeiz. Perfektionismus. All diese Wesenszüge sind nur allzu menschlich – und viel zu gefährlich (!) für Ihre Versuche, einen produktiven und vernünftigen Umgang mit der Zeit zu finden. Wollen Sie die Kontrolle über Ihre eigene Zeit gewinnen, müssen Sie diese mächtigen Neigungen als solche erkennen und sich zu einer Veränderung Ihrer Verhaltensweisen zwingen.» (Mackenzie 1995, S. 16 f., zuerst erschienen 1974.)

Na bitte. Neuere Zeitmanager geben sich etwas menschenfreundlicher, aber ihr Prinzip ist ebenfalls der Kampf gegen den «alten Adam».

Hier scheint so etwas wie die «Taylorisierung der geistigen Arbeit» stattzufinden – eine mentale Anpassung des Menschen an seine Arbeitsbedingungen.

Nun ist berufliches Zeitmanagement nicht unser Thema, uns geht es um den Privatbereich. Aber wenn wir berufstätig sind, leben wir in einem Dilemma. Müssen wir nicht unentwegt in uns niederringen, was uns unsere Kinder, die noch nicht im Beruf funktionieren müssen, ungeniert vorleben?

Noch mehr: Wir bemühen uns, bei Kindern Verhaltensweisen zu fördern, die uns selber im Berufsleben als Zeitverschwendung angekreidet werden. Wir möchten, daß sie Zuhören lernen, daß sie Geduld miteinander haben, daß sie sich gegenseitig Zeit lassen, daß sie ihre Sachen alleine erledigen, anstatt ungeliebte Aufgaben an andere zu «delegieren». Hilfsbereitschaft, Mitgefühl, Neugier, Ehrgeiz, Stolz auf die eigene Leistung – vieles von dem, was Alec Mackenzie als «gefährlich» für effektive Zeitnutzung bezeichnet, steht als Lernziel in unserem pädagogischen Programm ganz oben. Das ist, neben der tatsächlichen zeitlichen Belastung, für viele Mütter ein Grund, ihre Berufstätigkeit aufzugeben oder drastisch zu reduzieren. Der Spagat zwischen einfühlsamer Geduld mit den Kindern zu Hause **43** und der Klassifizierung derselben Verhaltensweisen als unnütz am Arbeitsplatz führt zu Widersprüchen, die schwer auszuhalten sind.

Ändern können Sie das nicht, jedenfalls nicht hier und jetzt. Aber wenn Sie den Wechsel zwischen diesen unterschiedlichen Umgangsweisen mit Zeit bewußter vollziehen, können Sie ihm damit ein wenig die Spitze nehmen.

Schneller, höher, weiter

Über den Zwang, viel erleben zu müssen

Mit dem endgültigen Wegfall des Rechtfertigungszwanges vor Gott ist in unseren Tagen ein weiterer Druck auf unsere Zeit entstanden. Unser Ziel liegt kaum noch darin, zu vollbringen, was wir unserem Schöpfer schuldig sind. Wir möchten eher möglichst viel von dem an uns raffen, wovon wir glauben, daß es das Leben *uns* schuldig sei.

Dazu weckt unsere demokratische Lebensform in jedem einzelnen das Gefühl, es stünden ihm potentiell alle Möglichkeiten offen. Niemand ist durch Geburt und Stand auf bestimmte Lebenskreise festgelegt. Vor allem aus Amerika schwappt derzeit eine Flut von Literatur zu uns herüber, die auch aus Europa ein «Land der unbegrenzten Möglichkeiten» machen will, zumindest in den Köpfen der Leser. «Du schaffst alles, was du wirklich willst!» ist die Botschaft. So erzeugt sie in dem einzelnen die mahnende Frage, ob er eigentlich alles aus seinem Leben macht, was möglich ist.

In der alten Vorstellung vom gottgefälligen Leben lag dagegen die Forderung, geduldig in dem zugedachten Stand zu verharren. Beide Botschaften haben einen Doppelcharakter. Die Botschaft «Du kannst alles, was du willst!» befreit zur fruchtbaren Tat, zwingt aber auch zum kräftezehrenden Ausloten aller Möglichkeiten. Die Botschaft «Bleibe, wo du bist!», blockiert vielleicht vorhandene persönliche Fähigkeiten und Wünsche, befreit aber von der Selbstüberforderung.

Lebenserfolg ist also das eine, was wir glauben erreichen zu müssen. Lebensgenuß ist das andere. Dabei machen wir uns die mehr oder weniger bewußte Erfahrung zunutze, daß intensives Erleben Zeit als «lang» in die Erinnerung legt und daß wenig Veränderungen Zeit im nachhinein als kurz erscheinen lassen. Immer wieder sind wir deshalb auf der Suche nach Neuem, das uns Dehnung der Zeit verspricht. Achten Sie einmal auf die Verwendung der Worte «neu» und «Erlebnis»! In Abständen wird fast jedes Produkt von der Zahnpasta bis zur Autopolitur einmal als «neu» apostrophiert, das verspricht frische Erfahrung und damit das kindliche Gefühl der weiten Zeit. Genauso das «Erlebnis»: der Möbelkauf findet in der «Erlebniswelt» Möbelhaus statt, der schlichte Spazierweg wird zum «Walderlebnispfad«, und Schwimmen geht man auch nicht mehr, sondern man genießt das «Erlebnisbad».

Nun sind diese «Erlebnisse» und «Neuigkeiten» durch eine sehr ärgerliche Sache miteinander verknüpft: durch Wege. Verschwendet man durch sie doch seine Lebenszeit auf geradezu skandalöse Art und Weise! Der menschliche Erfindungsgeist scheut keine Mühe, Ortswechsel jeder Art zu beschleunigen. Hannover – Berlin in 1 Stunde und 47 Minuten – ist das nicht grandios? Sie werden in einer menschlichen Rohrpost namens ICE verschickt, und am Ziel empfängt Sie ein Bahnhof, bei dem Sie allenfalls am Schild erkennen, wo er sich befindet. Das Lokalkolorit ist gänzlich abgeblättert, der Reisezug zur Straßenbahn heruntergekommen. Die Sucht nach Neuem hat sich selber aufgefressen, auf einmal sieht man doch nur das Gewohnte, obwohl man sich so beeilt hat, ihm zu entkommen.

Nun muß man all das nicht als zwangsläufig streßerzeugend verteufeln. Ich fahre auch im ICE und finde «Erlebnisbäder» auch schöner als die kargen Schwimmanstalten meiner Jugend. Darum geht es aber nicht. Es geht nur darum, einen Zusammenhang zwischen all diesen feinen und weniger feinen Erscheinungen zu erkennen, der ganz tief drinnen in uns eine große Angst vor Lebensverlust erahnen läßt.

Abenteuer – überall zugleich

Was machen Fernsehen, Radio und Computer mit unserer Zeit?

Nun hat unsere Kultur ein scheinbares Zaubermittel gefunden, um mehr Leben in unser Leben zu bringen. Wir brauchen nur auf einen Knopf zu drücken, und schon strömt aller Reiz der Welt in unser Wohnzimmer: aus unserem Fernseher. Seit langem schon hat er einen älteren Bruder, das Radio, und seit einiger Zeit auch noch einen jüngeren, der wie er selber verspricht, daß wir an allen Orten der Welt zugleich sein können: das Internet.

Diese Geräte machen uns glauben, wir könnten Augenzeugen von Ereignissen sein, die am anderen Ende der Welt stattfinden. Weil die Bilder sich bewegen, leben wir in der Illusion, sie seien Wirklichkeit. In Wahrheit ist der eigentliche Augenzeuge auch heute noch nur der Reporter vor Ort, der auswählt, was er für berichtenswert hält.

Wir empfinden ja dank unseres hochentwickelten Zeitgefühls eine Not, die unsere Großväter und Großmütter in dieser Klarheit nicht kannten: Wir wissen, daß parallel zu unserem Leben tausendfach Dinge geschehen, die wir zwangsläufig allesamt verpassen. Vielleicht sind sie ja viel aufregender als das bißchen Alltag, das um uns herum passiert. Das Fernsehen verspricht nun, daß wir zumindest an dem Wichtigsten, was in der Welt vorgeht, teilnehmen können.

Über die Medien gibt es meterweise schlaue Bücher, solche, die sie preisen, und solche, die sie verdammen. Darum braucht es uns hier gar nicht zu gehen. Uns interessiert die Frage: Was machen die Medien mit unserer Zeit?

Sie kennen es: Man weiß nicht so recht, was man machen soll, oder hat zu dem, was man machen muß, keine Lust. Also schaut man mal schnell, was es im Fernsehen gibt, zappt sich zwei Stunden durch die Programme, stellt irgendwann den Fernseher ab – und fragt sich, wo der Abend geblieben ist. Warum?

Unser Körper und unser Geist speichern nur das als lebendiges Leben, woran sie aktiv beteiligt sind. Passive Teilnahme «gilt nicht». Ich kann mir vorstellen, daß man auch deshalb beim Fernsehen so gern etwas knabbert, weil man diesem körperlosen Zuschauen eine sinnliche Komponente hinzufügen möchte. Es könnte den ungebrochenen Reiz des Kinos gegenüber dem Fernseher ausmachen, daß man sich höchstselbst dort hinbewegen muß, mit anderen Menschen fast auf Tuchfühlung sitzt und menschliche Kommunikation braucht, um an die Eintrittskarten zu kommen.

Zurück zur «Glotze». Stellen Sie dieses unsinnlich erlebte Leben aus der Kiste ab, bleibt wenig übrig. Jedenfalls nichts, was unser Ich für wertvoll genug hält, um es unter dem Stichwort «gelebtes Leben» zu verbuchen. Eine intensive Erinnerung bleibt meist nur dann, wenn der Inhalt besonders beeindruckend war oder wenn man sich als Zuschauer sehr stark emotional engagieren konnte. Die übliche Meterware an Fernsehunterhaltung ist dagegen rasch vergessen.

Wenn Sie unter diesem Gesichtspunkt den Umgang mit dem Fernseher in Ihrer Familie überdenken, müßten Sie leicht feststellen können, wann er Ihnen und Ihren Kindern Löcher in das Zeitempfinden gräbt und wann er Sie bereichert.

Vorschläge für den Umgang mit dem Fernseher

1. Stellen Sie ihn nicht zentral im Zimmer auf, sondern abseits. Dann begibt man sich nur hin, wenn man eine Sendung wirklich sehen will.
2. Ist er dort für Ihr Gefühl immer noch zu präsent, verbannen Sie ihn in einen Schrank, damit er mit seinem blinden Auge nicht darum bettelt, angestellt zu werden.
3. Ein Kind, das sich langweilt, vermißt lebendiges Gefühl in seinem Inneren. Lassen Sie es sich lieber langweilen, bis seine inneren Quellen wieder freigespült sind, als daß Sie ihm per Knopfdruck die Zeit «vertreiben». Dann ist sie nämlich wirklich weg ...
4. Sind Sie selber erschöpft und brauchen Abwechslung, können Sie sich natürlich für einen Abend vor dem Fernseher entscheiden. Aber tun Sie es bewußt, eingedenk dessen, daß Sie die Frage danach, wohin der Abend entschwunden ist, nicht werden beantworten können.

5. Wenn es Ihnen wirklich auf Informationen ankommt, nutzen Sie die Möglichkeiten des Videorecorders. Nehmen Sie Sendungen auf, und sehen Sie sie dann an, wenn Sie wollen, und nicht dann, wenn das Programm es diktiert. Das hat vor allem für Kinder den zusätzlichen Vorteil, daß Sie ganze Sendungen und Teile daraus wiederholen können.

Der «ältere Bruder Radio» erscheint vergleichsweise machtlos, was die Verfügungsgewalt über unsere Zeit angeht. Tatsächlich stiehlt uns das Radio die Zeit nicht dadurch, daß wir nichts anderes mehr tun, wenn wir es angestellt haben. Allerdings fügt es in dem Moment, in dem es läuft, im Hintergrund unserer Aktivitäten ein *Zeitmuster* ein, das *nicht unseres* ist. Läuft es ihm völlig entgegen, werden wir das Radio ausstellen, z. B. wenn wir ein Kind in den Schlaf wiegen wollen und das Radio spielt gerade Rockmusik. Oft genug widerspricht der Rhythmus des Radios aber gar nicht so sehr unserem eigenen Rhythmus, dann dudelt es vor sich hin und überzieht unser Leben mit einer Geräuschkulisse, die durch ihren Eigenrhythmus das Vergehen der Zeit ständig hörbar macht.

Zu überempfindlich? Vielleicht. Aber versuchen Sie einmal, das Frühstück an einem Morgen mit und am anderen ohne Radio vorzubereiten. Ich möchte wetten, daß Sie glauben, ohne das Radio im Hintergrund mehr Zeit zu haben. Dann kann sich die Eigenzeit Ihrer Handlungen entfalten, Sie können dabei Ihren Gedanken nachgehen. Daß Sie es vielleicht ein bißchen langweilig finden, ist eine andere Sache. Gerade am Morgen kann Sie ein Radio, das muntere Musik spielt, aus der Trägheit des Schlafens reißen – aber das spricht nicht gegen das Argument, daß mit dem laufenden Radio Ihrer Eigenzeit eine akustisch präsente Fremdzeit aufgedrückt wird. Manchmal ist der Effekt erwünscht – z. B. frühmorgens –, manchmal kann er lästig werden. Nur merken wir das oft nicht. Da braucht Till Hilfe bei den Matheaufgaben, Tinchen will einen Faden einfädeln und schafft es nicht, die Oma ruft an, der Hund bellt, und Ihr Mann sucht das Postleitzahlenverzeichnis, Ihr Kopf schwirrt – da macht plötzlich einer das Radio aus. Mit einem Schlag – Ruhe. Einmal nachgedacht, da hat Till die Aufgabe verstanden, Sie zeigen Tinchen, daß man den Faden feucht machen muß,

die Oma vertrösten Sie auf den Abend, der Hund muß auf den Flur, und
das Postleitzahlenverzeichnis ziehen Sie unter den Telefonbüchern hervor.
Das war's. Sie kochen sich einen Kaffee, Ruhe. Und fragen sich, warum das
Radio überhaupt an war.

Das Radio ist wie eine zusätzliche Person im Raum, die stur ihr Programm abspult. Daß wir so gerne Radio anstellen, wenn wir allein sind, hat
für mich nur einen Sinn: Man bedient sich einer Gesellschaftsattrappe. Wir
alle sind nicht gern allein. Wir brauchen das Gefühl, uns notfalls an andere
wenden zu können. Diese Gegenwart anderer wird vom Radio perfekt vor-
gespiegelt. Ob das nun eine bedenkliche Unfähigkeit ist, mit sich selber allein zu sein, oder ob es ein verhaltensbiologischer Rest aus früheren Zeiten
ist – wer weiß. Es ist nur in jedem Fall ein nicht zu unterschätzendes Hin-
dernis, seinen eigenen Rhythmus zu finden.

Per Mausklick um die ganze Welt

Und der jüngere Bruder Computer? Was macht er mit unserer Zeit, wenn
er uns in virtuelle Welten entführt? Ich denke, er kommt einem uralten

menschlichen Wunsch entgegen: möglichst viel zu erledigen mit möglichst geringem körperlichen Aufwand. Per Mausklick um die ganz Welt surfen, ist das nicht großartig? Minimaler Einsatz für maximales Erlebnis!

Sicherlich die Faszination, die von Computern ausgeht, hat noch andere Komponenten als dieses Versprechen, Erleben «preiswert» einzukaufen. Die Lust am abstrakten Denken mag eine Rolle spielen, die Aktion in weitgreifenden virtuellen Räumen ist Ersatz für nicht mehr vorhandene Möglichkeiten, tatsächlich durch Wälder zu streifen und Raum zu erobern. Aber die Verheißung von viel und weltumspannendem Erlebnis in kurzer Zeit, diese Verheißung der Lebenserweiterung via Erlebnisdichte, dürfte eine nicht zu unterschätzende Rolle spielen.

Nutzt man diese Möglichkeiten des Computers bewußt und gezielt, dann dient er tatsächlich der Erweiterung der eigenen geistigen Fähigkeiten. Doch eines darf man nicht vergessen: Die Zeit, die man dem Computer widmet, geht unweigerlich solchen Aktivitäten verloren, die durch die Einbeziehung aller Sinne nachhaltiger das Leben gestalten. Bei einer Untersuchung über die Auswirkungen der Internetnutzung auf das Sozialverhalten kamen Sozialpsychologen in den USA zu dem Ergebnis, daß Gefühle von Einsamkeit und Niedergeschlagenheit direkt mit der *Dauer* der Internetnutzung zusammenhingen (vgl. Hess. Nieders. Allgemeine, 6. 9. 1998), unabhängig davon, ob das Internet kommunikativ oder lediglich zu Informationszwecken genutzt wurde. Kommunikation über den Computer kann eben direkte menschliche Kommunikation nicht ersetzen.

Sitzen Kinder häufig vor dem Computer (und dem Fernseher), bedeutet das immer auch, daß sie sich weniger bewegen. Da kann das Computerprogramm noch so sehr die geistige Kreativität fördern und das Fernsehprogramm noch so lehrreich sein – die körperliche Bewegung, die für die gesunde Entwicklung der Kinder wichtig ist, kommt dadurch womöglich zu kurz.

Wir können und dürfen unseren Kindern Computer nicht vorenthalten, sie werden ihr Leben in einer elektronisch verwalteten Welt leben müssen. Aber je nüchterner sie damit umgehen, desto mehr sinnlich greifbares Leben wird ihnen erhalten bleiben.

Von Sonnenaufgang bis Programmende

Das Fernsehen hat neben den «Löchern», die es in unser Erleben graben kann, noch eine weitere Auswirkung auf unsere Zeit: die Unerbittlichkeit, mit der das Programm Fixpunkte in unsere Tage setzt.

Die Tagesrhythmen unzähliger Familien werden vom Fernsehprogramm ebenso wirkungsvoll gesteuert wie vom Aufgang und Untergang der Sonne. Vor allem der Abend, also die Zeit, in der am ehesten alle Familienmitglieder zu Hause sind, bekommt seine Struktur über Sandmännchen, Nachrichten und Sportberichte.

Das spart Kraft, ganz ohne Zweifel. Die Sonne nimmt uns ja auch die Entscheidung ab, wann wir den Tag beginnen und wann wir ihn beenden wollen. Und menschliche Gesellschaften haben sich schon immer noch zusätzliche Taktgeber geschaffen, um ihre Tage zu gliedern. Mir scheint heute der Fernseher die Gebetsglocke zu ersetzen, die die Menschen zu kollektiver Besinnung zusammenrief. Ob Fernsehen allerdings Besinnung bietet – das sei dahingestellt.

Vor einigen Jahren hatte das Fernsehprogramm tatsächlich noch eine sozial einigende Funktion: Es bot Gesprächsstoff für den nächsten Tag an Schule und Arbeitsplatz. Doch inzwischen ist der einigende Charakter durch die Vielzahl der Programme wieder dahin.

Ob und wie Sie persönlich das Fernsehen als Taktgeber in Ihr Familienleben einbauen, müssen Sie selbst entscheiden. Man kann durchaus zu dem Schluß kommen, daß eine regelmäßig genehmigte Fernsehsendung kurz vor dem Abendessen es sowohl den Kindern erleichtert, sich von ihren Spielideen zu verabschieden, als auch den Eltern, in Ruhe Abendbrot zu machen. Ebenso kann es von den Kindern akzeptiert werden, daß die Eltern bis um acht Uhr Zeit für sie haben, dann ist Schlafenszeit. Der Beginn von Fernsehsendungen kann auch eine treibende Motivation sein, sich mit Hausaufgaben zu beeilen oder andere Pflichten flott zu erledigen. So betrachtet ist die «Glotze» eine hilfreiche Gouvernante, die den Eltern manches Machtwort erspart.

Aber angesichts dessen, daß Fernsehen immer nur Pseudoleben sein kann, sollten Sie doch auch andere Möglichkeiten bedenken, über rituelle Gewohnheiten einen für Sie verbindlichen Familienrhythmus zu finden.

Eile mit Weile

Acht Zauberstäbe zum Dehnen des Augenblicks

Jetzt habe ich Ihnen viel Theoretisches über die Wahrnehmung von Zeit zugemutet. Den Trick, der Ihnen die Stunden des Tages einfach verdoppeln würde, den habe ich Ihnen dabei leider nicht präsentieren können. Aber vielleicht kann ich Ihnen das ein oder andere Schlupfloch zeigen, durch das Sie ab und zu dem «Zug der Zeit» entkommen und das Gefühl des Getriebenseins ablegen können. Den Augenblick dehnen, die Zeit anhalten, zu Atem kommen – den Wunsch haben wir oft genug, wissen aber dann nicht, wie wir es anstellen sollen.

Ein Stück weit hilft da sicher eine bessere Organisation. Sie kann uns durchaus ein paar Stunden freie Zeit verschaffen. Darüber erfahren Sie mehr im zweiten Teil des Buches. Aber oft kann man den Zeitdruck auch schon dadurch vermindern, daß man nur sich und die Welt einmal anders betrachtet.

Dazu gibt es ausgefeilte Techniken und Übungen. Vor allem in der fernöstlichen Meditation finden viele einen Weg, Streß abzubauen. Auch das autogene Training zielt auf Entspannung und Befreiung von Lebensenergien. Wenn Sie sich für solche Wege interessieren, werden Sie genug einführende Literatur finden und sicherlich auch Kurse, in denen man solche Techniken unter Anleitung lernt. Ich kann Ihnen das nur empfehlen.

Aber aus der Erfahrung des Familienalltags weiß ich, daß Meditation und Entspannungsübungen oft ein guter Vorsatz bleiben. Man macht sie einmal, und dann macht man sie «morgen» und dann gar nicht mehr … Darum möchte ich Ihnen hier einige Wege zeigen, die weniger aufwendig sind. Es sind eher Versuche, Ihre Wahrnehmungen umzuprogrammieren, als daß Sie sich extra Zeit für Übungen nehmen müßten.

Die Punkte, die ich Ihnen hier nenne, sind praxiserprobt. Sie haben gedanklich meine Arbeit an diesem Buch begleitet, das ich inmitten eines turbulenten Familienalltages geschrieben habe. Trotz aller Verzögerungen, Hindernisse, Ablenkungen und organisatorischer Pannen ist eines ausgeblieben: das Gefühl, unter Zeitdruck zu stehen. Von meinen anderen Büchern sind mir solche Gefühle wohlbekannt, diesmal blieb ich innerlich locker. Das mag viele Gründe haben, aber meine «Zauberstäbe» haben sicher dazu beigetragen. Im Text sind Ihnen diese «Zauberstäbe» bereits ausführlicher begegnet. Hier möchte ich sie Ihnen noch einmal zusammenfassen und für Ihren Alltag etwas griffiger machen.

Zauberstab eins: Rituale

Tun Sie regelmäßig Dinge für sich oder mit Ihren Kindern, auch wenn anderes in dem Augenblick vielleicht wichtiger erscheint. Gemeinsame Mahlzeiten, Gesellschaftsspiele, Spaziergänge oder Vorlesestündchen «passen» selten, tun aber immer gut. Sie müssen nicht in uhrtaktmäßiger Regelmäßigkeit stattfinden, aber sie sollten immer wieder zeitdruckfreie Zonen in Ihrem Familienleben bilden. Wie viele Stunden habe ich gespielt, obwohl ich eigentlich hätte schreiben müssen! Aber das Gefühl von Zeitsouveränität, das ich mir dadurch geschaffen habe, hat mich so entspannt, daß das Schreiben dann um so besser ging.
(Vgl. S. 139.)

Zauberstab zwei: Körperkontakt

Nehmen Sie sich oft gegenseitig in den Arm, Kinder wie Erwachsene. Schauen Sie sich an, schmusen Sie, nehmen Sie sich wahr. Sehen Sie: «Du bist es, mit dem ich mein Leben teile!» Spüren Sie sich, atmen Sie in die Berührung hinein. Das muß nicht lange dauern, das muß nicht sentimental sein, nur *sehr, sehr aufmerksam.* Dann bleibt für einen Moment die Zeit stehen.
(Vgl. S. 126.)

Zauberstab drei: Die Kraft der Vorstellung

Wenn Sie sich etwas vornehmen, stellen Sie sich möglichst bildhaft vor, wie das Ergebnis aussehen soll. Ein Wolkenkuckucksheim darf es natürlich nicht sein, aber wenn es im Bereich des Möglichen liegt, wird die innerlich immer wieder heraufbeschworene Vorstellung Kräfte mobilisieren, die Ihnen auch ohne schriftliche Pläne bei der Verwirklichung helfen. Es geht dabei weniger um konkrete Planungen als um die Energie, die Ihnen aus der Vorfreude zufließt. Am deutlichsten gelingen solche inneren Bilder, wenn Sie sie nicht im Stehen zwischen Morgenzeitung und Kaffeetasse versuchen heraufzubeschwören, sondern sich fünf Minuten wirklich darauf konzentrieren. Vielleicht am offenen Fenster und tief durchatmend?

Die Planung für dieses Buch war eher ein solches Bild als ein Zeitplan im herkömmlichen Sinne. Ich wußte um das Abgabedatum, und ich wußte, was ich schreiben wollte – einen Plan, wann ich wie weit sein müßte, habe ich nie auf dem Papier, immer nur in meiner Vorstellung gemacht. Es hat funktioniert.

Zauberstab vier: Die Vielschichtigkeit von Zeit nutzen

Sie entgehen Zeitstreß in der Familie, wenn Sie aufmerksam aufspüren, wie viele Bedürfnisse von Kindern und Eltern Sie befriedigen können, ohne eine besondere Veranstaltung daraus zu machen. Lassen Sie sich beim Salatschnippeln von Ihrem Kind aus der Schule erzählen, schneiden Sie mit ihm gemeinsam die Gartenhecke, beziehen Sie gemeinsam die Betten, sortieren Sie mit ihm gemeinsam den Schulranzen, ohne dabei in Ermahnungen zu verfallen – Sie haben in jedem Fall Ihrem Kind Liebe und Zuwendung geschenkt. Aber auch wenn Sie etwas für sich tun und Ihre Kinder nur «nebenbei» im Auge haben, vermitteln Sie Ihrem Kind Geborgenheit und Sicherheit. Einfach zu Hause sein und wissen, daß die anderen auch da sind und ihren Dingen nachgehen, ist eine völlig ausreichende Voraussetzung dafür, sich wohl zu fühlen. Damit ist nichts gegen besonders geplante Unternehmungen mit Kindern gesagt, sowohl ein großer Ausflug als auch ein gemütlicher Spieleabend sind eine schöne Sache. Aber viel wichtiger ist ein gemeinsamer, vielschichtig geteilter Alltag. (Vgl. S. 38.)

Zauberstab fünf: Der Wechsel der Perspektive

Wenn Sie sich einmal besonders umgetrieben fühlen, drehen Sie sich auf dem Absatz um und schauen weg von der Zukunft in die Vergangenheit: Ist dieser Tag, so wie Sie ihn leben, wert, in Ihre Erinnerung gelegt zu werden? Wird Ihre Erinnerung es Ihnen danken, daß Sie wie gebannt in die Zukunft starren und sich aus Angst vor dem Scheitern die Gegenwart verderben? Werfen Sie nicht die Stunden wie Abfall hinter sich, sondern gestalten Sie sie mit Bedacht – sie sind Ihnen als Erinnerung sicherer als Ihre Zukunft!

Zauberstab sechs: Spanische Tage

Legen Sie einmal im Monat einen Tag ein, an dem Sie nach dem spanischen Sprichwort leben: «Was man schon hätte vorgestern tun sollen, hat auch bis übermorgen Zeit!»

Führen Sie sich dabei vor Augen, daß es Millionen von Menschen auf dieser Erde gibt, die nach diesem Motto leben, und die ihr Leben doch nicht zwangsläufig als verfehlt betrachten müssen. Gönnen Sie sich ab und zu die Ruhe anderer Kulturen! (s. a. S. 12.)

Zauberstab sieben: Die Nutzung der rechten Gehirnhälfte

Sorgen Sie dafür, daß Sie sich immer wieder mit Dingen beschäftigen, die Sie körperlich und gestalterisch in Anspruch nehmen. Treiben Sie Sport, basteln Sie, malen Sie, tanzen Sie, gärtnern Sie – was immer Ihnen Freude macht. Versuchen Sie, das auch ohne Kinder zu tun. So sehr die Vielschichtigkeit gemeinsamen Erlebens Sie bereichern kann – der zeitweise Ausstieg aus der drängenden Wahrnehmung der Zeit wird Ihnen nur mit Konzentration zuteil. Die werden Sie im Beisein Ihrer Kinder schwer aufbringen können. Aber es wird Ihren Kindern zugute kommen, wenn auch Sie durch die Selbstvergessenheit hindurch wieder zu sich selber finden. (Vgl. S. 25.)

Zauberstab acht: Atmen

Atmen heißt leben. Und wie wir leben, so atmen wir. Fühlen wir uns unter Druck, wird unser Atem flach, fühlen wir uns frei, atmen wir tief durch. Diese Zusammenhänge sind sehr genau beobachtet und beschrieben worden bis hin zu eigens entwickelten Atemtherapien. Wenn es Ihnen Spaß macht, können Sie sich die entsprechende Literatur besorgen. Aber das Schöne daran ist: Man kann auch ganz einfach anfangen. Machen Sie es wie der tibetanische Mönch, von dem Stephan Rechtschaffen erzählt (1998, S. 103):

Wann immer Sie das Gefühl haben, alles wachse Ihnen über den Kopf, halten Sie einen Augenblick inne.

Atmen Sie aus. Und ein. Und sagen Sie:

Ich atme ein.

Ich werde ruhig.

…

Ich atme aus.

Ich lächele.

Von Sachen und vom Machen
Die Wohnung als Handwerkszeug des Familienlebens

Es ist sehr lange her, ich war vielleicht neun Jahre alt, da hatten wir Ferienbesuch von zwei Jungen aus der Verwandtschaft. Die beiden waren ein paar Jahre jünger als ich und hatten große Pläne: zwischen Gartenhütte und Komposthaufen wollten sie «eine echt Höhl baue». Voll Eifer schleppten sie alte Ziegelsteine herbei, rührten Sand mit Wasser an und begleiteten ihr Tun mit großartigen Reden von der «escht Höhl».

Ich stand dabei und sah die Höhle wachsen – auf ein Maß von ungefähr vierzig mal vierzig Zentimetern und auf eine Höhe von zwei bis drei Ziegelsteinen. Da fand die Begeisterung ein undramatisches Ende, die Knaben wandten sich anderen Dingen zu, und die echte Höhle blieb ein paar Käfern und Spinnen überlassen.

Warum ich das erzähle? Schon damals fiel mir dieses seltsame Verhältnis von Vorstellungskraft und Wirklichkeit auf. Im Kopf meiner kleinen Vettern hatte die Höhle bereits Gestalt angenommen, sie sahen sich darin sitzen und ein Feuerchen anzünden, aber sie brachten diese Vorstellung nicht mit der Menge der vorhandenen Steine und ihren eigenen Möglichkeiten in Verbindung. Kinder, natürlich.

Aber haben nicht auch wir Erwachsenen morgens immer wieder einen wunderschönen blanken Tag vor uns, den wir mit hundert Plänen ausstaffieren und der doch im Chaos endet?

Da ist das Müsli alle, die Kinder haben Kissenschlacht gespielt und einen Kopfkissenbezug zerrissen, Mäxchen findet seinen rechten Schuh nicht, und der Brief, den Sie so dringend beantworten müssen, ist nicht aufzufinden. Die Eier, mit denen Sie Pfannkuchen machen wollten, hat irgend jemand am Abend zuvor in die Pfanne geschlagen, Nudeln haben Sie auch nicht mehr im Haus, und dann hat Mäxchen im Kindergarten auch noch in die Hose gemacht. Und dabei scheint die Sonne, Sie wollten in den Kleintierzoo – aber der hat heute geschlossen, auch das noch.

An solchen Tagen geht alles schief – die Wünsche weigern sich, Wirklichkeit zu werden.

Das ist sicher nicht immer zu vermeiden. Aber in unserem – natürlich leicht übertriebenen – Beispiel wäre das ein oder andere doch zu vermeiden gewesen.

Ein konsequent geführter Einkaufszettel hätte den Müslitopf schon vor dem endgültigen Ende wieder aufgefüllt. Eine auch für Kinder übersichtliche Garderobe samt Schuhablage verhindert meistens das Verschwinden der Kinderschuhe. In einer gut organisierten Ablage auch für simple Familienbürokratie finden Sie Ihre wichtigen Briefe sofort. Eine Ersatzhose, im Kindergarten deponiert, entschärft die kleinen Katastrophen. Und ein Anruf im Kleintierzoo tags zuvor hätte allen Beteiligten eine Menge Enttäuschung erspart.

Wenn es so knirscht im Alltagsgetriebe, dann kommt mir immer wieder das Wort von Schiller in den Sinn: «Leicht beieinander wohnen die Gedanken, doch hart im Raume stoßen sich die Sachen.»

Um die «Sachen» soll es nun in diesem zweiten Teil des Buches gehen – und darum, was man mit ihnen macht.

Von Küche, Kram und Kuscheltieren

Die Dinge des Alltagslebens

Wir haben alle viel zuviel Zeug. Sie brauchen nur das Kinderzimmer aufzuräumen, Ihren Kleiderschrank oder den Hobbykeller, und Sie werden feststellen, daß Sie drei Viertel der Dinge, die Sie dort finden, jahrelang nicht mehr benutzt haben und vermutlich auch in Zukunft kaum brauchen werden – es sei denn, Sie gehören zu den wenigen Zeitgenossen, die Meister der Selbstbeschränkung sind.

60   Wir können dem kaum entrinnen. Ständig werden wir verleitet, uns mit neuen Sachen auszustaffieren. Dem sind natürlich durch das individuelle Budget Grenzen gesetzt, aber auch in bescheideneren Verhältnissen kommen in der Regel so viele Dinge zusammen, wie sie unsere Großeltern niemals in Ordnung halten mußten. Denn jedes einzelne Teil, was wir besitzen, braucht einen Platz und muß in mehr oder weniger großen Abständen abgestaubt, gewaschen oder umgeräumt werden.

Und dann geht von all diesen Dingen noch der unablässige Reiz aus, sie auch zu benutzen. Das neueste Spiel des Jahres sollten wir doch unbedingt mal spielen, der Superrucksack für professionelles Hiking liegt auf dem Schrank, das Buch für die Atemübungen ist zwar gelesen, aber die Übungen – na ja …

Da haben Sie die doppelte Zeitgier von Dingen: Man muß sie in Ordnung halten, und sie verlangen nach Einsatz. Was tun?

Werfen Sie weg, was Sie nicht brauchen, und kaufen Sie nichts dazu, was nicht wirklich notwendig ist.

Das ist leichter gesagt als getan. Vor allem, wenn Kinder mit im Spiel sind. Kinder sehen ganz klar, daß vieles, was wir notgedrungen wegwerfen, eigentlich zu schade ist für den Müllhaufen. Die glitzernde, schön geformte Schachtel für die Pralinen, ist sie nicht eine Kostbarkeit? Der kleine Rest Samt, der beim Nähen abfiel, ist er nicht wunderbar für die kleine Puppenstubenmama? Recht haben sie, man könnte all das wunderbar weiterverwenden – wenn man nicht wüßte, daß die neue Packung Pralinen bestimmt noch mehr glitzern wird als die alte.

Bereitet Ihnen die Menge der Dinge, die sich in Ihrem Haushalt angesammelt hat, keine Kopfschmerzen, haben Sie Ihren Weg gefunden, den Überblick zu bewahren. Dann können Sie den Rest des Kapitels überschlagen.

Stöhnen Sie aber häufiger über «das viele Zeug», überlegen Sie sich folgende Strategien:

Entrümpeln: Die Wegschmeiß-Methode

Bei mäßiger Überfüllung Ihrer Wohnung reicht es, in jedes Zimmer einen großen Papierkorb zu stellen und beim täglichen Aufräumen einfach ab und zu etwas hineinzuwerfen, das sich als überflüssig erwiesen hat. Dann **61** verschwindet aus dem Badezimmer heute das sechs Jahre alte Parfüm und in der nächsten Woche der ausgediente Rasierpinsel. So wird allmählich der belastende Überfluß abgespeckt.

Hat die Ansammlung von Kram aber ein Ausmaß angenommen, das Ihnen das Gefühl nimmt, noch Herr der Lage zu sein, dann sollten Sie so vorgehen:

Die Sortier-Methode

Fangen Sie mit der Ecke an, aus der Ihnen das meiste «Zeug» entgegenquillt. Das kann Ihr Kleiderschrank sein, das Spielzeugregal oder der Vorratsschrank.

1. Stellen Sie sich fünf Dinge bereit:
   Eine Mülltüte (am besten in einem Ständer – die sind nicht teuer), zwei Wäschekörbe und einen großen Karton und eine kleine Schachtel.
2. Nun nehmen Sie jedes Teil aus der Ecke und entscheiden:
   – Brauche ich es noch, und es soll an dieser Stelle bleiben? Dann kommt es in den *Wäschekorb Nr. 1.*
   – Brauche ich es noch, aber woanders? Dann kommt es in den *Wäschekorb Nr. 2.*
   – Ist es unbrauchbar, kaputt oder auch bloß häßlich? Dann kommt es in den *Müllbeutel.*
   – Ist es in Ordnung, aber für Sie nicht mehr zu gebrauchen, kommt es in die *große Kiste.*

Den Inhalt dieser Kiste sollten Sie so schnell wie möglich verschenken, an die Kleiderkammer des Diakonischen Werkes oder des Roten Kreuzes oder per Zeitungsanzeige an Leute, die es brauchen können.

Wenn Sie Lust und Zeit haben, können Sie diese Kisten auch mit der Aufschrift «Flohmarkt» versehen und bei passender Gelegenheit sich oder Ihren Kindern den Spaß machen, Verkäufer zu spielen. Sie müssen dann aber einrechnen, daß der Krempel nicht so zügig verschwindet. Die Flohmarktstrategie hat allerdings den Vorzug, daß gerade Kinder (und auch manche Erwachsene) eher dazu zu bewegen sind, etwas für den Verkauf herzugeben als für die Mülltonne. Zum einen bleibt ihnen das Gefühl, daß dieses Spielzeug, das sie selbst schon seit Jahren nicht

mehr angeschaut haben, doch noch jemandem Freude macht, und sie machen vielleicht einen kleinen Gewinn, mit dem sie sich neue Wünsche erfüllen können. Vom ökologischen Standpunkt her ist dies bestimmt die beste Lösung, als psychologischer Befreiungsschlag vom Druck der Dinge allerdings eher zweifelhaft.

– In die *kleine Schachtel* kommen Dinge, die Sie aus Erinnerungsgründen aufheben wollen. Die Größe dieser Schachtel bemißt sich nach dem Umfang des Stauraumes, der Ihnen zur Verfügung steht. Große Keller und Dachböden saugen solche Dinge auf wie ein Schwamm, sie verschaffen beim Blick in die Kisten erinnerungsreiche Stunden und sind für den Sperrmüll kommender Generationen ein gefundenes Fressen …

3. Wenn Sie die Ecke leergeräumt haben, nehmen Sie Staubsauger und Lappen, saugen und wischen sie sauber, und dann kommt der Inhalt des Waschkorbes Nr. 1 wieder dort hin.

Dabei kann es notwendig werden, zuvor neue Ordnungssysteme einzubauen: genügend vernünftige Kleiderbügel, beschriftete Kartons, Vorratsgläser. Dann muß der Wäschekorb vielleicht einen Tag stehen bleiben, oder Sie schaffen zunächst eine provisorische Ordnung. Aber schieben Sie das neue Ordnungssystem nicht auf die lange Bank, sonst schlägt der Keim der Unübersichtlichkeit unverzüglich neue Wurzeln.

Den Inhalt des Wäschekorbes Nr. 2 verteilen Sie am besten sofort an die Orte, die sie den darin versammelten Gegenständen zugedacht haben. Sind diese Orte noch nicht vorhanden – z. B. in einer geräumigeren Garderobe im Flur, die Sie aber erst noch aufstellen müssen –, müssen Sie den Inhalt dieses Korbes ebenfalls zwischenlagern. Aber nicht zu lange!

Die große Kiste stellen Sie am besten sofort ins Auto und planen beim nächsten Einkauf einen Umweg über das Rote Kreuz für die Klamotten und das Mütterzentrum für das ausrangierte Spielzeug ein!

Bleibt nur noch der *Müllbeutel*...

Je nachdem, wie vollgestopft Ihre Wohnung ist, brauchen Sie diese Methode nur an gewissen Brennpunkten anzuwenden, oder Sie arbeiten sich Schrank für Schrank durch alle Zimmer. Das kann dauern! Setzen Sie sich nicht unter Druck. Ausmisten und Aufräumen braucht Zeit, die sollten Sie sich nehmen.

Kinder und Kram – Kinderkram?

Über das Aufheben und Wegwerfen von Kinderschätzen

Nun finden solche Aktionen in Haushalten mit Kindern unter besonderen Bedingungen statt. Gerade wenn Ihre Kinder klein sind, werden Sie selten Zeiten finden, in denen Sie eine solche Entrümpelung ungestört zu Ende führen können. Noch schlimmer als ein unaufgeräumter Schrank ist aber ein Schrank, vor dem tagelang Kisten herumstehen, weil man nicht dazu kommt, die angefangene Räumaktion zu Ende zu bringen. Nehmen Sie sich also nur kleine Abschnitte vor, die Sie voraussichtlich auch zu Ende bringen können, notfalls nur eine Schublade am Tag.

Wenn Kinder bei solchen Aktionen zugegen sind, gleicht das Entrümpeln einem Schwimmen gegen den Strom. Jedes längst vergessene Teil wird begeistert begrüßt, an neue Orte geräumt oder gar liebevoll auf dem Tisch aufgebaut, wo es unbedingt stehen bleiben muß.

Wenn Sie gute Nerven haben, ist das Auf- und Ausräumen mit Kindern sicher eine pädagogisch sinnvolle Angelegenheit. Sie müssen schließlich lernen, selbst eine Menge Dinge zu verwalten. Und es fallen dabei auch immer Anregungen ab, die im besten Fall stundenlanges konzentriertes Spiel zur Folge haben können. Aber ich will Ihnen gern gestehen: Ich habe solche Aktionen lieber dann gemacht, wenn kein Kind in Sicht war.

Das ist keine Bevormundung. Wenn Sie Ihre Kinder genau beobachten, werden Sie in der Regel nichts wegwerfen, was Ihrem Kind wirklich am Herzen liegt.

Um das wirklich zu vermeiden, gibt es ja auch noch den Weg des Zwischenlagerns, der in vielen Familien erfolgreich erprobt worden ist. Dinge, die die Kinder lange nicht angeschaut haben, kommen in eine Kiste auf den Dachboden oder in den Keller. Fragt ein Kind danach, ist es ein leichtes, sie wieder hervorzuholen, fragt es nicht danach, kann man die Sachen nach angemessener Zeit «entsorgen». Schulkinder kann man zunehmend an solchen Entscheidungen beteiligen.

Sonderfall: Bastelarbeiten

Was macht man aber mit den vielen Basteleien der Kinder, die sie begeistert herstellen und glückstrahlend verschenken? Die kann man doch nicht wegwerfen!

Es gibt zwei Gründe, sie aufzuheben: Man will das Kind nicht kränken, und in manchen Dingen dokumentiert sich darin auch eine besondere Begabung und Entwicklung von Kindern. Wir besitzen z. B. noch immer ein kleines Grillhäuschen aus Papier, das unser Sohn mit sechs Jahren selbst entworfen, ausgeschnitten und zusammengeklebt hat – inzwischen ist er gelernter Zimmermann. Aber es gab auch die unzähligen Fensterbilder zum Muttertag und hundertundein gefaltetes Schiffchen und Blümchen und Schweinchen – soll man die alle aufheben? Was halten Sie davon:

Kinderkunstwerke aufheben

1. Die Kinderkunstgalerie

   Widmen Sie ein Regal und eine Pinnwand den Kunstwerken der Kinder. Sie können sie voll Stolz dort aufbauen, und sie werden auch bereit sein mitzuentscheiden, welches ältere Teil verschwinden soll, wenn ein neues produziert worden ist.

2. Der Kinderkunstkatalog

   Wenn ein Kind etwas gebastelt hat, worauf es besonders stolz ist, wird es mitsamt dem Kunstwerk fotografiert und das Foto in ein eigens dafür angelegtes Album geklebt. Dann können Sie es mit Hinweis auf das Foto irgendwann dem Recycling zuführen, und Sie haben noch den Vorteil dabei, später die Werke gut datieren zu können. Ein paar Aufnahmekriterien für den Katalog können auch verhindern, daß die Kinder fünfmal am Tag mit irgendeinem zusammengehauenen Ding fotografiert werden wollen.

Wenn Sie gar Galerie und Katalog kombinieren, ist Ihre kleine «Kunstwelt» perfekt!

Der Sammeltrieb von Kindern

Kinder sammeln alles. Sammeln scheint ein Naturtrieb zu sein, immerhin lebten unsere Vorfahren in grauer Vorzeit davon. Erwachsene haben diese Eigenart meist zähneknirschend abgelegt oder auf wenige Dinge beschränkt – die meisten jedenfalls.

Unterbinden Sie das Sammeln nicht. Meist handelt es sich um kleine Dinge: Steinchen, Aufkleber, Kaugummipapiere, ja sogar leere Tintenpatronen gelten unter Kindern als Sammelobjekt. Sorgen Sie für einen gut zugänglichen Aufbewahrungsort, und warten Sie ab. Manche neue Sammelidee können Sie unter Hinweis auf die bereits bestehende Sammlung abwenden, dann hält sich das Ganze in Grenzen.

Sagte mir doch neulich meine Jüngste: «Übrigens, ich sammle leere Kugelschreiber – aber ich habe erst einen, und den habe ich verloren!»

Na, bitte ...

Von Kisten, Schränken und dem offenen Haus

Die Ordnung im Alltag

Lassen Sie Ihren Blick schweifen – alles an seinem Platz? Dann überschlagen Sie das Kapitel. Oder liegen die Socken neben dem Katzenklo, die Schere auf dem Fensterbrett und das Rezept für den Hustensaft auf der Hutablage? Dann lesen Sie weiter.

Ordnung hat viele Gesichter. Kinder empfinden den Zwang zur Ordnung häufig als aufgesetzt und knechtend, Jugendliche setzen Unordnung zur Markierung ihrer Reviere ein, Erwachsene stöhnen über die ständige Notwendigkeit, Ordnung zu halten, und jammern zugleich, wenn Unordnung herrscht. Manchmal erliegen sie der Gefahr, Ordnung zum Selbstzweck zu machen, und manchmal erliegen sie der Gefahr, sich durch Unordnung der Macht der Dinge zu unterwerfen.

Meine Oma zitierte häufig den Spruch «Lerne Ordnung, übe sie, Ordnung spart dir Zeit und Müh». Wie ich ihn haßte, diesen Spruch – ich mag ihn bis heute nicht, er klingt so säuerlich! –, und ich weiß doch, daß er stimmt.

Es liegt auf der Hand, daß ein Kuchen schneller gebacken ist, wenn man Zutaten und Geräte mit einem Griff aus dem Schrank nimmt, als wenn man die verknautschte Mehltüte zwischen Küchenwaage und Zwiebacktüte herauszieht, aus der Rührschüssel erst die Kartoffelreste entfernen und die Rührmaschine hinter den Kochbüchern suchen muß.

Möglich ist das auch. Der menschliche Sinnenapparat ist so gebaut, daß er die Mehltüte eben auch hinter der Küchenwaage findet. Ich habe schon sehr schöne Dinge mitten aus dem wüstesten Chaos heraus zustande gebracht: leckeres Essen, entzückende Kinderkleidchen, ein ganzes Dutzend sehr ansprechender Handpuppen. Das geht. Daher kommt wahrscheinlich auch der Spruch vom kreativen Chaos, jener Annahme, daß Unordnung der Nährboden wahrhaftigen Schöpfertums und ein Ordnungsfanatiker bloß phantasielos sei. Vermutlich ist an dieser Einschätzung richtig, daß es kreative Menschen gibt, die so sehr mit ihren inneren Bildern beschäftigt sind, daß sie das äußere Bild des Durcheinanders kaum wahrnehmen. Und es ist sicher auch richtig, daß es auf Schreibtischen, in Ateliers oder in Hobbywerkstätten individuelle Ordnungen gibt, mit denen die Benutzer bestens zurechtkommen, die aber einem Außenstehenden völlig uneinsichtig sind.

Aber seien wir ehrlich: Der wahre Humus für menschliche Entwicklung kann das Chaos dennoch nicht sein. Es gibt keine produktive Kultur in der Geschichte der Menschheit, in der Unordnung ein konstituierendes Prinzip war.

Ordnung ist aber auch anrüchig geworden, gerade in Deutschland. Zucht und Ordnung dienten über Jahrhunderte der Disziplinierung und Zurichtung von Menschen für die Zwecke der Herrschenden; das gipfelte in der «ordentlichen» Massenvernichtung ganzer Volksgruppen im Dritten Reich. So wurde die Ordnung suspekt, und die Unordnung erschien als Ausdruck wahrer Menschlichkeit.

Nun, menschlich ist an der Unordnung immerhin, daß sie aus dem spontanen Bedürfnis entsteht, jetzt auf der Stelle etwas zu tun ohne vor- und zurückzuschauen. Das ist eine sehr kindliche Einstellung, die aber durchaus auch Erwachsene noch haben können. Ein Vater, der plötzlich auf den Gedanken kommt, mit seinem Sohn ein Baumhaus zu bauen, vergißt nur zu leicht, die Post abzulegen. Und die Mutter, die einen ganz besonders schönen Adventskalender basteln will, läßt tagelang die schmutzige Wäsche im Schlafzimmer herumliegen – das gibt es, ist normal und darf auch sein.

Aber zu glauben, daß Baumhäuser und Adventskalender nur unter solchen Bedingungen entstehen können und darum vom Baumhaus herab verächtlich auf die aufgeräumte Wohnung der Nachbarn herabzublicken – das ist leider irrig.

Denn Ordnung ist nicht nur Handwerkszeug zur Alltagsbewältigung, sondern auch eine Kultur der Achtung und der Zuwendung. Laden wir Besuch ein, ist es ein Zeichen von Aufmerksamkeit, wenn wir vorher die Wohnung in Ordnung bringen (neben dem anderen Motiv, daß wir nicht als schlampig ins Gerede kommen wollen).

Ordnung wird im sozialen Gefüge auch übersetzt in «Du bist mir willkommen! Ich habe mich auf dich eingestellt, ich lese jetzt nicht Zeitung (denn die liegt im Zeitungskorb), ich bügele jetzt keine Wäsche (denn das

Bügelbrett ist weggeräumt), ich möchte, daß du es schön hast (denn der Blumenstrauß steht auf dem Tisch).»

Unter diesem Gesichtspunkt ist Ordnung auch im Familienleben ein wichtiger Baustein von Wohlbefinden. Und sie zu halten ist zugleich eine Gratwanderung. Denn zu Hause möchte ich ja auch loslassen können, nicht auf der Hut sein müssen, mich sicher fühlen – egal, ob ich die Socken fallen lasse oder sie in den Wäschekorb lege.

Ich kenne die Schwierigkeit, Ordnung zu halten, es ist mir lange schwer gefallen. Aber es ist mir von dem Moment an gelungen, in dem mir klar wurde, daß Ordnung halten nicht nur für die anderen geschieht, sondern daß es auch heißt, *mich selbst willkommen zu heißen.*

Denn es sind nicht nur die egozentrischen Leute, die Unordnung hinterlassen (die sind es sicher auch) – nein, es sind auch die, die glauben, sie seien es gar nicht wert, daß sie es selber schön haben.

Nun geht es uns ja eigentlich um mehr Zeit und nicht um mehr Ordnung. Aber Zeitdruck entsteht ja auch dadurch, daß wir ständig das Gefühl haben, nicht alles zu schaffen, was wir schaffen müßten. Der tägliche Anblick von Wäschebergen, Schuhen in allen Ecken, durcheinanderliegenden Gartengeräten, unbezahlten Rechnungen und Legosteinen allüberall bedeutet die ständige Vorhaltung, die Kontrolle über das eigene Leben verloren zu haben. So gesehen bedeutet Ordnung immer auch das Gefühl, Herr über die eigene Zeit zu sein.

Der Teddy in der Legokiste

Ordnung halten mit Kindern

Nun ist Ordnung schaffen und halten allein schon eine Sache für sich – das mit Kindern zu bewältigen noch eine ganz andere. Denn ihnen bedeutet Ordnung oft genug etwas ganz anderes als den Erwachsenen.

Ein kleines Kind kennt nur die Ordnung seiner Bedürfnisse. Sie kommen und gehen und sind in jedem Augenblick so umfassend, daß alles andere daneben völlig verblaßt. Tobt ein Kind mit dem Ball durch den Garten **69** und entdeckt plötzlich eine hochinteressante Schnecke, verschwindet der Ball aus seiner Wirklichkeit. Die Aufforderung, ihn erst wegzuräumen, bevor es die Schnecke untersuchen darf, wird es als ungeheure Zumutung empfinden.

Mit zunehmendem Alter gelingt das Wegräumen eher, aber in der Regel verlangen wir es von den Kindern, lange bevor sie es aus eigenem Antrieb tun würden. Wenn Kinder freiwillig ihre Jacke an den Haken hängen, tun sie das meist nicht, weil sie dort hingehört, sondern weil die Mama sonst schimpft. Auf eine wohlgesonnene Mama sind sie angewiesen, nicht aber auf eine aufgeräumte Jacke.

Nun haben sowohl Ordnung als auch Unordnung neben allen praktischen Aspekten auch noch eine weitere Funktion: Sie markieren «Reviere». Ich habe dort Macht, wo ich über die Ordnung der Dinge bestimmen kann. «Das ist doch mein Zimmer!» ist die Standardantwort von Kindern, deren Eltern mehr oder weniger dezent auf den Zustand desselben hinweisen. Sie üben sich in ihrem Bestimmungsrecht – daß das manchmal etwas unfunktional ist, spielt für diese «Übung» keine Rolle.

Wir müssen also dreierlei vereinbaren: Die Ordnung als zeit- und nervensparende Arbeitsgrundlage, Ordnung als Achtung sich selbst und anderen gegenüber und Ordnung bzw. Unordnung als Reviermarkierung – und das alles gemeinsam mit heranwachsenden Menschen, deren Interessenlage sich durchaus nicht immer mit der unseren deckt.

Ordnungssystem einführen

Die *Ordnung als Arbeitsgrundlage* werden wir selber herstellen müssen, das können die Kinder nicht.

Machen wir es dabei allen Beteiligten so leicht wie möglich. Und das heißt: Sorgen Sie dafür, daß jedes Ding in Ihrem Haushalt einen gut erreichbaren Platz hat. Das hört sich banal an, aber wenn Sie überlegen, wie oft Sie dieses dumme Strickzeug schon vom Sofa auf den Sessel und zurück gelegt haben, wie oft Sie schon über die Gummistiefel gestolpert sind, die leider drei Zentimeter zu hoch sind für das Schuhregal, wie oft Sie schon geflucht haben, weil die Lackbildchen Ihrer Tochter wieder neben dem Telefon liegen – dann wissen Sie, was ich meine. Häufig halten Dinge Einzug

im Haushalt, für die noch kein Platz vorgesehen ist, das ist ganz normal. Aber wenn man dann nicht rechtzeitig dafür sorgt, daß sie auch vernünftig untergebracht werden können, überzieht sich irgendwann die ganze Wohnung mit einer Schicht von Dingen ohne festen Platz.

Zeit und Geld für vernünftige Ordnungssysteme sind keine übertriebene Investition. Ich dachte selber lange, mit ein paar Schuhkartons, leeren Gurkengläsern und Kisten vom Sperrmüll wäre dieser spießbürgerliche Ordnungssinn ausreichend bedient – ich wollte schließlich kein Aufräumfetischist sein! Aber inzwischen bin ich der Meinung, daß derjenige am meisten Überlegung und Geld in Ordnungshilfen stecken sollte, der am wenigsten Lust zum Aufräumen hat.

Statten Sie Ihre Kinderzimmer reichlich mit deutlich beschrifteten Kästen aus. Als sehr praktisch haben sich solche mit vier Din-A4-großen Pappschubladen erwiesen. Sehr viel Kleinkram – vor allem auch Bastelmaterial – läßt sich darin unterbringen und ist so jederzeit gut zugänglich. Legespiele, Ausschneidebögen, Ausmalbücher, Wachsstifte, Straßenmalkreide, Malpapier, Bastelpappen und Buntpapier sind schnell weggeräumt und schnell wiedergefunden. Für die paar Jahre Kinderzimmernutzung sind sie stabil genug, und sie sind so preiswert, daß wir sie anschließend ohne Bedauern in die Papiertonne werfen können.

So können Sie natürlich auch Ihren eigenen Kram übersichtlich unterbringen. Für ein Hausbüro sollten viele gut zugängliche und deutlich beschriftete Fächer gerade so selbstverständlich sein wie für das Betriebsbüro.

Gestalten Sie solche Aufbewahrungssysteme so benutzerfreundlich wie möglich. Spiele, an die Kinder nicht herankommen, Kisten, für die erst andere weggeräumt werden müssen, Kindergarderoben mit winzigen Haken und ein Staubsauger zwischen Wintermänteln im Schrank – das alles ist zwar manchmal wegen der Enge der Verhältnisse nicht zu vermeiden, erweist sich aber meist als lästige Barriere auf dem Weg zu einer Übersichtlichkeit des Alltags.

Bei den Vorrichtungen, die die Kinder mitbenutzen sollen, achten Sie besonders darauf, diese Barrieren so niedrig wie möglich zu halten. Nichts finden Kinder schrecklicher, als wenn etwas «umständlich» ist, und sie versuchen sich folgerichtig davor zu drücken. Gestehen Sie *so wenigen Dingen wie möglich etwas mehr Platz als nötig* zu, dann haben Sie alle es leicht, Ordnung zu halten.

Die Ordnung aufrechterhalten

Das ist oft schwieriger, als sie einzurichten, vor allem, wenn Kinder im Haus sind. Sie sehen überhaupt nicht ein, warum sie das T-Shirt in den Schrank legen sollen, morgen ziehen sie es doch sowieso wieder an; und die Schulsachen vom Eßtisch wegzuräumen, ist ja geradezu unsinnig – sie müssen doch am Abend die Matheaufgaben zu Ende machen! Daß der Tisch in der Zwischenzeit auch noch von anderen benutzt wird, liegt noch nicht innerhalb ihres Wahrnehmungshorizontes.

Dazu kommt, daß Kinder sich zunächst keinerlei Gedanken darum machen, wer die Dinge, mit denen sie umgehen, zuvor bereitgestellt hat. Sie sind gerade so da wie der Kirschbaum im Garten und der Bach in der Wiese. Die hat keiner dort hingeschafft – und die räumt schließlich auch keiner nach abgeschlossener Kirschenernte wieder weg. Die Wahrnehmung der Kinder macht keinen Unterschied zwischen einer Umgebung, die aus der Mühe anderer Menschen entstanden ist und die man demzufolge mit Respekt zu behandeln hat, und einer Umgebung, die Mutter Natur hat wachsen lassen. Es fehlt im Denken auch die Zeitdimension. Ein Kind fragt weder nach der Vergangenheit – «Wo kommen die Klötze her?» – «Oh, danke, Mama!» – noch nach der Zukunft – «Ich will hier ja morgen die Eisenbahn aufbauen, also weg mit dem Kram.».

Aber auch, wenn Kinder von sich aus ungern Ordnung halten und sich an Chaos anscheinend nicht stören, sollten Sie es nicht abhaken unter dem Motto «Sie wollen es nun mal so, ist doch ihre Sache!». Denn wenn Sie Ihre Kinder beobachten, werden Sie feststellen, daß sie der Unordnung eben doch ausweichen. Sie beginnen dann zu «nomadisieren»: vom Kinderzimmer ins Wohnzimmer, wenn das vollgespielt ist, in den Flur, wenn man da kein freies Plätzchen mehr findet, ins Elternschlafzimmer. Im Grunde ist Aufräumen so etwas wie seßhaft werden: Der Raum, den man abgenutzt, «abgeerntet» hat, wird nicht verlassen, sondern aufs neue «bestellt». Das ist ein Prozeß, der Kindern nicht angeboren ist, er bedeutet wie das Ackerbauerntum der Menschheit eine kulturelle Errungenschaft, die aus Lernprozessen hervorgegangen ist.

Nun bringt es gar nichts, Kinder immer wieder aufzufordern, ihr Zimmer aufzuräumen, ohne dabei Hilfestellung anzubieten. Sie werden sie sonst immer wieder bei neuen Spielen ertappen oder sich aufregen, weil sie Barbiekleider und Lego in eine Kiste geworfen und die herumliegenden Socken hinter die Heizung gestopft haben. Aufräumende Kinder haben hauptsächlich das Ziel vor Augen, daß Mama nicht schimpft und endlich mit dem Staubsauger durchs Zimmer kommt. Die sortenreine Kategorisierung ihrer Spielsachen ist überhaupt nicht ihr Anliegen.

Natürlich können Kinder auch aufräumen lernen, am Ende eines Kindergartentages oder abends im eigenen Spielzimmer. Aber das sind von Erwachsenen angeleitete rituelle Handlungen, sie sind in der Regel nicht von der Einsicht getragen, daß dies die Voraussetzung dafür ist, sich am nächsten Morgen ungehindert auf ein neues Spiel stürzen zu können.

Sie können ohne weiteres solche *Aufräumriten* einführen. Dabei ist es wichtig, auf Regelmäßigkeit zu bestehen. Ein solcher Ritus nimmt Ihnen

Arbeit ab und kommt Ihrem Gerechtigkeitssinn entgegen, immerhin beseitigt derjenige die Unordnung, der sie verursacht hat. Daß Ihre Kinder das auch als gerecht empfinden, sollten Sie nicht voraussetzen – in ihren Augen wäre es nur gerecht, daß der aufräumt, der es gern ordentlich haben will, und das sind schließlich Sie!

Oder aber Sie berücksichtigen die Schwierigkeiten, die Kinder mit dem Aufräumen haben, und leisten ihnen noch jahrelang Hilfestellung. Je nach Gutmütigkeit wird das darauf hinauslaufen, daß Sie auch immer wieder selber aufräumen.

Ich gebe zu, ich habe eher das zweite praktiziert. Unordentlicher als andere sind unsere Kinder dadurch auch nicht geworden.

Nun gibt es bei allen Eltern diese eigenartige Erscheinung, daß sie bestehende Zustände im Geiste in alle Ewigkeit verlängern. Eltern von Säuglingen leben in dem Bewußtsein, *nie* mehr durchschlafen zu können; Eltern von Kleinkindern glauben, wegen schrecklichen Wehgeschreis *nie* mehr abends weggehen zu können; und Eltern von größeren Kindern sehen mit Schrecken ihre Kinder *ihr ganzes Leben* in diesem Chaos verbringen.

Aber Kinder wachsen und ändern sich, oft genug ganz von selbst. Nachdem ich eine meiner Töchter über Monate hinweg vergeblich ermahnt hatte, sie solle nicht ständig den Boden ihres Zimmers mit herumgeworfenen Klamotten bedecken, faßte sie eines Tages den Entschluß, ihr Zimmer umzuräumen – und seitdem ist der Boden frei. Ein Kind besteht nicht nur aus Angewohnheiten, sondern auch aus sich wandelnden Einsichten. Fassen Sie sich in Geduld.

Verzichten Sie auf Erklärungen, bestehen Sie auf der Ordnung, die Sie persönlich brauchen, erwarten Sie keine Einsicht, und vertrauen Sie auf Entwicklungen.

Von Messern, Besen und Bügeleisen

Die Brauchbarkeit von Handwerkszeug

Wieder ein Kapitel zum Überschlagen – wenn Sie sich niemals über solche Dinge ärgern müssen wie fusselnde Putzlumpen und stumpfe Küchenmesser.

Eigentlich sollte es selbstverständlich sein: Man kann nur gut arbeiten mit gutem Handwerkszeug. Aber gerade im Haushalt schleichen sich leicht Zustände ein, bei denen an allen möglichen Ecken mit ungeeigneten oder abgewrackten Geräten herumimprovisiert wird.

Da wird das Bügelbrett mit der Zeit wackelig, dem Gurkenhobel fehlt der Griff und der Besenstiel wackelt ... Auch wenn sie noch funktionieren: Spaß macht der Umgang mit solchen Gerätschaften nicht. Und Kindern erst recht nicht.

In unserem Haushalt hat ein Bodenwischer, der sich im Stehen auswaschen und ausdrücken läßt, eine Revolution in der Bodenpflege ausgelöst. Auf einmal waren außer mir auch alle anderen bereit zu putzen. Dabei war ich lange Jahre mit hocherhobener Nase an all den raffinierten Putzeimern vorbeigerauscht, die in der Haushaltswarenabteilung herumstanden. Das war doch wohl nur etwas für Putzteufel und Sauberkeitsfetischisten! Irrtum: Wer am wenigsten Lust zum Putzen hat, sollte sich das beste Gerät zulegen, das er bekommen kann! Wer keine Lust hat zum Bügeln, kaufe sich das beste Bügeleisen und das größte Bügelbrett! Wer das Fensterputzen haßt, halte sofort Ausschau nach professionellem Fensterputzgerät! Wer sich immer wieder vor der wichtigen Korrespondenz drückt wegen der klapprigen Schreibmaschine, sollte eben doch die Anschaffung eines Computers in Betracht ziehen! Gutes Gerät führt zu guten Arbeitsergebnissen, die Arbeit geht schneller, und man ärgert sich nicht unterschwellig ständig über die Unzulänglichkeit seines Werkzeugs.

Vor einem muß man sich allerdings hüten: daß die großartigen Gerätschaften wegen ihrer verlockenden Großartigkeit überflüssigerweise eingesetzt werden. Wer drei Mohrrüben mit der Küchenmaschine raspelt, braucht mehr Zeit zum Reinigen der Maschine, als wenn er die Handreibe benutzt hätte – vom Abfall ganz zu schweigen! Und wer wegen einer Ent-

schuldigung für den Lehrer gleich den Computer anwirft, hat auch nichts gewonnen.

Beobachten Sie sich selber: Vor welchen Arbeiten graut Ihnen? Wenn Sie das nächste Mal dran müssen, überlegen Sie, was besser sein müßte, und dann richten Sie sich den «Arbeitsplatz» entsprechend ein. Sie werden sehen, das wirkt Wunder!

Von Keller, Flur und Treppenhaus

Transportwege im Haushalt

«Mein Doktor sagt, daß wir zuwenig wandern und daß kein Mensch spazierengehen mag – wahrscheinlich spricht der Doktor nur von anderen, denn ich als Hausfrau latsch den ganzen Tag!» Ich weiß nicht mehr, wer **76** dieses Lied sang, aber die Frau hatte offensichtlich Erfahrung.

Wege kosten Zeit und Energie. Wohnen Sie in einer kleinen Etagenwohnung, mag es mit der Wanderei noch angehen. Aber sobald Ihre Wohnung sich über zwei Stockwerke erstreckt und vielleicht sogar noch ein Keller, eine Garage und ein Garten dazugehören, dann kommen doch einige Kilometer zusammen. Der Hammer zurück in die Werkstatt, die Schmutzwäsche in den Keller, die gewaschene Wäsche auf die Leine in den Garten, die trockene in den ersten Stock, der Vorratseinkauf in den Keller, das neue Haarshampoo ins Bad nach oben, das eingesammelte Playmobil vom Wohnzimmertisch ins Kinderzimmer …

Bei uns hat sich zur Reduzierung dieser Lauferei ein *System von Körben* bewährt, die an zentralen Stellen stehen und den Kram aufnehmen, der an den Zielort dieses Korbes muß. Wer immer diesen Ort ansteuert, sollte einen solchen Korb mitnehmen und leer wieder zurückbringen. Das tun natürlich am ehesten die Erwachsenen, aber selbst wenn dieses System nur Ihnen allein im Laufe einer Woche zwanzig Gänge erspart, hat es sich schon gelohnt.

Für Kleinkram sind große Taschen zu empfehlen, sei's an der Hose, der Bluse oder vielleicht sogar an einer Schürze – zumindest solange Sie kleine Kinder haben, die nun einmal dazu neigen, Duplo-Steine, Eisenautos und angekaute Brötchen in der ganzen Wohnung zu verteilen.

Ebenfalls wegesparend ist die Anschaffung *gleicher Ausstattung für jedes Stockwerk*. Oben *und* unten Besen, Wischer und Staubsauger zu haben, ist eine Investition, die sich auf lange Sicht lohnt – nicht nur, weil Sie Wege sparen, sondern weil der Unlust die Spitze genommen wird, nun auch noch den Putzeimer die Treppe hinaufzuschleppen. Warum sollte man nicht lieb zu sich selber sein und sich diese Barrieren so niedrig wie möglich halten?

An ein paar Selbstverständlichkeiten möchte ich noch erinnern: die Handtücher in der Nähe des Bades, die Eßteller dicht am Eßplatz und das Schuhputzzeug bei den Schuhen, keine rutschenden Teppiche an vielbegangenen Stellen, Fußabtreter an Außentüren, Dreckschleusen an Garteneingängen, keine herumliegenden Telefonleitungen, keine scharfen Kanten an engen Stellen. Solche Unzulänglichkeiten können viele kleine Strudel im Fluß des Alltags schaffen, die keiner recht wahrnimmt, die aber doch stören.

Bedenken Sie auch, daß Kinder viele Wege entsetzlich weit finden, die Ihnen gar nicht so lang erscheinen. Ob das nur Unlust ist oder mit den kürzeren Beinen zusammenhängt, ist nicht immer zu entscheiden, aber Sie müssen damit rechnen. Wenn Sie also die Regenjacke des Kindes nicht an der Garderobe, sondern in seinem Kleiderschrank aufbewahren, wird es sich lieber hundertmal naß regnen lassen, als die blöde Jacke vor dem Weggehen noch zu holen.

Sie müssen nun nicht all das sofort umsetzen. Auf einen Schlag perfekte Ordnung schaffen, das kann niemand. Aber wenn Sie etwas Aufmerksamkeit auf Ihren Alltag richten, werden Sie bald merken, welche überflüssigen Dinge Sie besitzen, wo Ihnen eine sinnvolle Ordnung der Dinge fehlt, welche Werkzeuge nicht richtig funktionieren und wo Sie immer wieder unnötige Wege machen. Und dann können Sie mit kleinen Veränderungen beginnen.

Vom Tun und Lassen
Wie wir im Alltag handeln

Nun speist sich unser Gefühl von Zeitknappheit ja nicht in erster Linie aus der Wahrnehmung, wie es um uns herum *aussieht*, sondern daraus, wie wir in dieser Umgebung *agieren* können. Wir fühlen uns zu langsam, wir ärgern uns über andere, die unserer Meinung nach zu träge oder zu umständlich arbeiten oder die zuviel Hektik verbreiten, wir fluchen darüber, daß wir zu oft bei unseren Tätigkeiten unterbrochen werden. Wir fühlen uns von den Erwartungen anderer erdrückt, die glauben, sie könnten uns immer noch dies und das aufpacken – sei's der Chef im Betrieb oder die Lieben zu Hause.

Dem zu entkommen, gibt es verschiedene Wege. Einer davon ist das Nein-Sagen. Gerade Müttern erscheint das oft sehr schwierig. Daran gewöhnt, für alles verantwortlich zu sein, merken sie oft nicht, daß der Zeitpunkt längst gekommen ist, an dem die anderen Familienmitglieder ihren Kram auch ganz gut selber erledigen könnten. Darüber kann man lange sinnieren, die Rolle der Frau hin- und herwenden, und dann wird man zu dem Ratschlag kommen: Üben Sie, «nein» zu sagen! Diesen Rat gebe ich Ihnen jetzt ganz ohne weitere Ausführungen – er wird Ihnen auch so einleuchten.

Ein weiterer Weg liegt im Wechsel der Perspektiven. Das haben wir im ersten Teil des Buches schon gesehen.

Und dann hilft ganz einfach vernünftige Organisation. Darum geht es jetzt.

Das ist doch eine Kleinigkeit

Die Einschätzung von Zeitbedarf

Wie oft haben Sie sich schon morgens im Geiste einen gebackenen Kuchen, einen frisch geputzten Flur, ein gemütliches Spiel mit allen am Abend und glücklich einschlummernde Kinder ausgemalt – und dann endet der Tag mit dem unbenutzten Wischeimer in der Badewanne und einem einsam vor sich hin trocknenden Kuchen ohne Guß, außerdem liegen überall Spielsteine herum, und die Kinder hocken maulend auf ihren Betten und weigern sich, die Zähne zu putzen?

Denn Sie haben nicht bedacht, was Sie vor dem Kuchenbacken noch alles tun mußten: eine Bluse bügeln (wie nebensächlich), einen Anruf erledigen (ist doch nicht der Rede wert), mit Julchen Diktat üben (hätte sie ja

auch mal früher sagen können), den Flur erst einmal von den nicht mehr benötigten Winterschuhen freiräumen (und dafür im Schrank erst noch Platz schaffen). Sie hatten auch vergessen, daß Sie die Rührmaschine der Nachbarin geliehen hatten (zu traurig auch, die Geschichte mit ihrer Mutter, da muß man doch Geduld zum Zuhören aufbringen) – ach je, schon ist der Tag fast vorbei …

Solche Ereignisse sind im Familienleben unvermeidlich. Jedenfalls viele davon. Einige lassen sich aber doch umgehen. In diesem Beispiel die Sache mit dem Bügeln, dem Anruf und dem Flur. Auf das Kind und die sorgengeplagte Nachbarin können Sie kaum planend einwirken, deren Bedürfnisse könnten Sie sich höchstens durch Gleichgültigkeit vom Leibe halten. Aber wer tut das schon.

Es ist ganz logisch: Die Menge dessen, was wir uns für einen Tag vornehmen können, hängt damit zusammen, wieviel Zeit die einzelnen Aktivitäten in Anspruch nehmen. Da wäre eine vernünftige Planung ganz einfach, wenn das menschliche Gehirn nicht von einer merkwürdigen Wahrnehmungsstörung besessen wäre: Arbeiten, die wir für wichtig halten, nehmen in unserer Vorstellung einen breiten Raum ein und ihnen wird ein großzügiges Zeitbudget zugemessen. Arbeiten, die uns untergeordnet erscheinen, haben wir in unserer Vorstellung im Handumdrehen erledigt.

Diese Wahrnehmung (be)trügt uns immer wieder, trifft sie doch dummerweise gerade die Tätigkeiten, die für uns als Eltern einen viel größeren Raum einnehmen als für kinderlose Zeitgenossen. Solche Nebensächlichkeit wie ein Aufbruch zum Einkaufen wird von einem raschen Mantelüberwerfen zu einer Haupt- und Staatsaktion: noch mal aufs Klo gehen, den Lieblingsteddy suchen, den Schuh nicht zugebunden kriegen, die Mütze nicht finden, staunend in der Tür stehen bleiben … Fußböden, sonst rasch gefegt, müssen mühsam von festgetretenem Herbstlaub freigekratzt werden, den Tisch, in kinderlosen Haushalten nur kurz abgewischt, muß man von klebenden Kartoffelresten und verkleckerter Tomatensoße befreien.

Als «Familienmanager» verbringen wir viele Stunden unseres Tages mit solchen «Unwichtigkeiten». Kommen wir aus dem Alltag eines Betriebes, finden wir uns plötzlich in der Rolle der Toilettenfrau, der Frau aus der

Kantine und dem Wäschereibetrieb, der einmal wöchentlich die Handtücher abholt. Das soll es dann gewesen sein?

Darum nehmen wir uns ganz viel «Inhaltliches» vor. Ausflüge wollen wir machen, mit den Kindern basteln, die Wohnung renovieren, viele gute Bücher lesen, uns im Beruf fortbilden – und scheitern doch immer wieder an der Zeitgier der alltäglichen Banalitäten.

So stellen Sie eine realistische Planung auf

1. Machen Sie sich klar, wie viel Zeit die Routinearbeiten in Ihrem Haushalt tatsächlich brauchen. Führen Sie ein paar Tage ein Zeitprotokoll, Sie werden sich wundern!

2. Planen Sie reichlich Pufferzeiten ein! Das wird Ihnen von jedem Fachmann für Zeitmanagement empfohlen, selbst für das Arbeiten unter Erwachsenen – und doppelt und dreifach gilt das für das Leben mit Kindern! Viele, wenn nicht die meisten Fallstricke des Alltagslebens liegen nämlich nicht in den Aktivitäten selbst, sondern in den Übergängen. Wer «nur mal eben» in der Stadt ein Buch abholen will, sucht eine Viertelstunde nach einem Parkplatz, wer «nur mal rasch» im Vorgarten die verblühten Blumen abschneiden will, muß erst einmal die leeren Blumentöpfe aus der Schubkarre in die Garage schaffen, wer «nur mal schnell» bei der Stadtverwaltung nach den neuen Müllabfuhrterminen fragen will, findet das Telefon zehn Minuten lang besetzt ...

3. Nutzen Sie Pufferzeiten zur Kommunikation mit Ihren Kindern, sie sind keine «verlorene Zeit». Sie bieten Gelegenheit, sich beim Schuhanziehen gegenseitig Witze zu erzählen und beim scheinbar endlosen Zähneputzen sich ausgiebig im Spiegel kennenzulernen. Für die Kinder ist das keine «vergeudete» Zeit – lernen auch Sie, sie als sinnvoll verbrachte Zeit zu akzeptieren!

Mama, kannst du mal eben ...

Unterbrechungen im Alltagsleben

Nichts ist so kennzeichnend für das Leben mit Kindern wie die ständigen Unterbrechungen. Es beginnt mit dem unterbrochenen Nachtschlaf schon in den ersten Lebenstagen eines Säuglings, setzt sich fort in der unvorhergesehenen Quengeligkeit eines Kleinkindes, wird abgelöst durch die dringende Suche nach dem Lieblingsteddy und durch unverstandene Hausaufgaben.

So wie Kinder ein Längenwachstum durchlaufen, werden auch die Phasen berechenbarer Stimmung langsam länger – anfangs sind sie sehr kurz. Selbst wenn ein Kleinkind in ausgeglichener Laune ist, können die Eltern kaum davon ausgehen, daß es sich länger als eine halbe Stunde mit derselben Sache beschäftigt. Es braucht dann wieder Zuspruch, eine Anregung oder einen Wechsel des Schauplatzes, um seine Stimmung aufrechtzuerhalten.

Unterbrechungen sind in jedem Buch über Zeitmanagement ein zentrales Thema. Unterbrechungen sind störend. Nach einer Unterbrechung muß man sich neu eindenken, zur Seite gelegtes Handwerkszeug suchen, Bewegungsabläufe neu ansetzen. Das kostet Zeit und erzeugt ärgerliche Gefühle.

Daß es Zeit kostet, wird man nicht ändern können. Aber die ärgerlichen Gefühle sind keine unabänderliche Größe. Wenn jemand an seinem Büroarbeitsplatz aus nichtigen Gründen immer wieder gestört wird, mag der Ärger berechtigt sein. Aber wenn ein Kleinkind erst Hunger hat, dann mal zum Klo muß und dann beim Klettern mit dem Stuhl umkippt, ist das kein Grund zum Groll, sondern die *Erledigung einer ernstzunehmenden Arbeit: Kinderbetreuung.*

Denn bei nichts anderem lernen Kinder so viel wie bei der Begleitung der Eltern durch ihren Alltag. Das fängt im Säuglingsalter an, wenn das Baby auf dem Arm oder im Tragetuch den Erwachsenen bei ihrem Gang durchs Leben «folgt», nimmt seinen Fortgang in dem Bedürfnis des Vorschulkindes, überall hin mitgenommen zu werden, und geht ab dem Schulalter langsam in echte Mitarbeit über (s. a. S. 96 ff.).

Das Dabeisein Ihres Kindes bei Haus- und Gartenarbeit ist in keiner Weise weniger wert, als wenn Sie mit ihm spielen, mit ihm basteln oder mit ihm Ausflüge machen, jenen klassischen Inszenierungen von «Zuwendung», die verantwortungsvolle Eltern als den Inbegriff perfekter Erziehungsarbeit sehen.

Es ist auch Zuwendung, wenn Sie sich der Anstrengung stellen, viele Dinge in Gegenwart Ihres Kindes zu tun und seine Unterbrechungen in Kauf zu nehmen.

Meiner Ansicht nach ist dieses Mitnehmen in die Erwachsenenwelt sogar ungleich wertvoller als Unternehmungen, bei denen das Kind im Mittelpunkt steht. Ein Kind, das miterlebt, wie ein Fahrrad repariert, gekocht und mit den Nachbarn verhandelt wird, wie die Eltern ein neues Auto beim Händler testen, wie Betten bezogen und Zwiebeln gesteckt werden, fühlt sich nicht abgestellt, sondern im Gegenteil besonders wichtig. Das ist für uns Erwachsene schwer nachzuvollziehen. Wenn wir mit anderen zusammen sind, die alles mögliche im Kopf haben, nur nicht, sich mit uns zu beschäftigen, dann fühlen wir uns gekränkt. Diese Zeit könnten wir wahrhaftig sinnvoller verbringen, als nur herumzustehen und zuzuschauen, wie der andere die Hecke schneidet oder die Treppe putzt! Ein Kind identifiziert sich aber so stark mit seinen Eltern, daß es in dem Augenblick beinahe das Gefühl hat, selbst die Hecke zu schneiden – so wie der Papa will es schließlich auch sein!

Solche Überlegungen können helfen, die Unterbrechungen, die im Leben mit Kindern zwangsläufig auftreten, innerlich anders einzuordnen und ihnen so die Macht über unsere Stimmung zu nehmen. Natürlich ist es anstrengender, etwas zu tun, wenn man dabei immer wieder unterbrochen wird. Der Energieaufwand ist höher, und wollen Sie irgendwie messen, wieviel ein Mensch am Tag geleistet hat, dann wiegen die zwei Kilo Kirschen, die Sie in Gegenwart Ihrer Kinder geerntet haben, doppelt so viel wie die Ernte des Nachbarn, der in aller Ruhe auf die Leiter geklettert ist. Wenn Sie aber wissen, daß es für Ihr Kind viel wertvoller ist, mit Ihnen gemeinsam Kirschen zu ernten, als mit Ihnen auf den Spielplatz zu gehen, dann können Sie in aller Ruhe das Kirschen-Pflücken doppelt so lange dauern lassen und den Spielplatzbesuch ohne schlechtes Gewissen streichen.

So planen Sie Unterbrechungen ein

- Treffen Sie klare Abmachungen mit Ihrem Partner über die Kinderbetreuung, wenn einer von Ihnen Dinge zu erledigen hat, die viel Konzentration erfordern oder die für Kinder Gefahren in sich bergen.

- Ist das aus irgendeinem Grunde nicht möglich, engagieren Sie einen Babysitter, auch wenn Sie im Haus sind. Babysitter am Nachmittag können Eltern viel Kraft und Nerven sparen, wenn sie ihnen dazu verhelfen, wichtige Dinge in Ruhe erledigen zu können.

- Erledigen Sie Arbeiten mit «unsichtbarem» Partner nicht im Beisein Ihrer Kinder. Lesen, Schreiben und Telefonieren wecken in fast jedem kleinen Kind plötzlichen Durst oder großes Schmusebedürfnis. Mama oder Papa tut doch dabei eigentlich gar nichts, außer es allein zu lassen.

Da soll man nicht quengeln? In solchen Augenblicken den Kindern Geduld abzufordern, kann erst dann Erfolg haben, wenn sie selber schon Bekanntschaft mit diesen Kulturtechniken gemacht haben.
– Erledigen Sie einfachere Arbeiten mit Ihren Kindern gemeinsam – und das nicht nur als Notlösung, sondern als entscheidender Bestandteil Ihrer Erziehungsarbeit! Denken Sie nicht, daß Sie Ihre Kinder vernachlässigen, wenn Sie sich in ihrer Gegenwart einfachen Arbeiten widmen. Jedes Dabei-Sein-Dürfen ist Zuwendung!

Das ist noch nicht gut genug ...

Der Umgang mit Perfektionsstreben

Kennen Sie das: Sie sitzen vor einem völlig überhäuften Schreibtisch und formulieren seit Stunden an einem Brief an Ihren Vermieter? Oder Sie bemühen sich, Ihren Wasserkessel mit allen Mitteln zum Hochglanz zu bringen, während der Kühlschrank verdächtig nach altem Käse duftet?

Wenn Sie das nicht kennen, können Sie wieder ein Kapitel überschlagen. Falls doch, lohnen ein paar Gedanken über einen der größten Widersacher eines gelingenden Alltags: den Perfektionismus.

Es liegt auf der Hand, daß gerade die Menschen besonders leicht in Zeitdruck geraten, die alles besonders gut machen wollen. Jede perfekt ausgefeilte Arbeit nimmt natürlich mehr Zeit in Anspruch, als wenn sie nur gerade hinreichend erledigt wird.

Nun kann man das einem Perfektionisten hundertmal sagen, er wird es wohl auch glauben – nur ist sein Maßstab dafür verzerrt, wann eine Arbeit als hinreichend erledigt betrachtet werden kann. Es treibt ihn die Angst um, sein Werk könnte für ungenügend befunden werden, und es könnte ihm die so sehr gewünschte Anerkennung versagt bleiben. Damit begibt er sich aber in einen Teufelskreis: Anerkennung wird ihm nur schwer zuteil, weil er trotz punktueller Spitzenleistungen im Chaos versinkt und er außerdem für andere schwer einschätzbar bleibt. Denn keiner weiß, wie lange er sich an einer Arbeit festbeißen wird. Neigt z. B. Ihr Partner dazu, beim Rasenmähen die Kanten mit der Nagelschere zu beschneiden, so werden Sie kaum seine grandiose Leistung bewundern mögen, wenn er darüber die Zeit vergißt und die Tochter eine halbe Stunde mit nassen Haaren vor dem Schwimmbad stehen läßt.

Nun hat jeder von uns zeitweise Anfälle von Gründlichkeit, dann wird schon mal in einem Schrank das Unterste zuoberst gekehrt. Die Familie wird dann sicher mit einer Scheibe Brot zu Mittag zufrieden sein. Sind Sie oder Ihr Partner aber häufiger stundenlang mit einer Sache beschäftigt und kommen darum immer wieder mit dem restlichen Alltag in Bedrängnis, sollten Sie allerdings Mut zu etwas mehr «Schlampigkeit» fassen.

Besuchen Sie einmal unangemeldet Ihre Freundin – Sie werden mit größter Wahrscheinlichkeit den Satz hören «Entschuldige, es ist hier so unaufgeräumt!». Und mit ebenso großer Wahrscheinlichkeit werden Sie die Wohnung überhaupt nicht unaufgeräumt finden.

Für die professionelle Betriebsführung hat ein Mann namens Vilfredo Pareto schon im 19. Jahrhundert eine überraschende Gesetzmäßigkeit ausfindig gemacht. Er hat festgestellt, daß in der Regel zwanzig Prozent des möglichen Aufwandes genügen, um achtzig Prozent des erstrebten Ergebnisses zu erreichen. Ein paar Beispiele: 20 % des Kundenstammes eines Unternehmens machen 80 % des Umsatzes aus; in 20 % eines Textes stecken 80 % des Informationsgehaltes, bei Konferenzen werden in 20 % der Zeit 80 % der wesentlichen Dinge angesprochen. Unter diesem Gesichtspunkt habe ich einmal die Hausarbeiten betrachtet, und siehe da, auch hier scheint das zu stimmen: Putze ich die Wohnung, ist das meiste binnen kurzem sauber, Zeit brauchen die Ecken, die man kaum sieht. Fülle ich Teig aus der Schüssel in die Form, brauche ich für das Auskratzen der Reste wesentlich länger als für den Hauptteil des Teiges, der ist im Nu umgefüllt. Fege ich die Straße, ist ein leidlich akzeptabler Zustand in zehn Minuten erreicht, fange ich an, Gras aus den Ritzen zu kratzen, brauche ich eine ganze Stunde.

Das soll natürlich nicht die Aufforderung sein, in Zukunft nur noch das Gröbste zu erledigen. Auch Mühseliges muß manchmal gemacht werden, wenn wir nicht irgendwann in allen Bereichen auf hoffnungslos verfilzte Ecken stoßen wollen. Aber wir haben Spielraum. Es gibt eine Grenze, ab der wir entscheiden können, ob wir weitermachen wollen oder nicht, ohne den Eindruck eines gelungenen Gesamtergebnisses wesentlich zu gefährden.

Das ist vor allem im Haushalt mit Kindern wichtig. *Wenn Sie es schaffen, die 20 Prozent notwendige Arbeit ausfindig zu machen, die den Eindruck des 80prozentigen Erfolges hervorrufen, dann haben Sie gewonnen.*

Das mach ich lieber später ...

Der Umgang mit unangenehmen Arbeiten

Manche Dinge schleppen wir wie Zentnergewichte durch den Alltag – und zwar häufig genug die, die wir *nicht* tun! Sie rauben uns zwar keine Zeit, aber die gute Laune.

Für den einen ist das die Steuererklärung, für den anderen ein Brief an Tante Else, vielleicht sind es ein paar angegammelte Kisten im Keller oder ein Anruf beim Vermieter. Für Ihren Arbeitsplatz werden Ihnen noch viele andere Dinge einfallen, um die Sie sich gerne drücken, diese Erscheinung ist ja nicht auf das Privatleben beschränkt.

Meist sind das zwei Kategorien von Arbeiten: solche, die wir einfach ungern machen, und solche, vor denen wir sogar Angst haben.

So «versüßen» Sie sich unangenehme Arbeiten:
– Sehen Sie zu, daß Sie langweilige Arbeiten nicht allein machen müssen. Wenn Sie gemeinsam mit Ihrer Freundin Fenster putzen und im Gegenzug bei ihr mithelfen, ist das Ganze etwas amüsanter und läßt sich mit einem gemütlichen Kaffeeplausch abschließen. Das gilt erst recht für das leidige Flicken von durchgescheuerten Hosen und aufgegangenen T-Shirt-Nähten – warum nicht die alte Spinnstubentradition aufleben lassen?

- Nehmen Sie sich für «danach» etwas Schönes vor. Gehen Sie ins Kino, wenn Sie den Brief an Tante Else in den Kasten geworfen haben, oder gehen Sie essen, wenn die Steuererklärung fertig ist.
- Begrenzen Sie die unangenehme Arbeit auf überschaubare Zeiträume. Nehmen Sie sich nicht vor, den ganzen Vorgarten vom Unkraut zu befreien, sondern nehmen Sie sich eine Stunde Zeit, und hören Sie dann auf. Dann ist ein Anfang gemacht, und es fällt Ihnen vielleicht leichter, sich am nächsten Tag wieder für eine Stunde darauf einzulassen.
- Schaffen Sie sich für unangenehme Arbeiten gute Arbeitsbedingungen. Ein übersichtlich organisiertes kleines Hausbüro und ein anständiger Mäher lassen Rechnungsstapel und Rasen nicht allzu hoch wachsen.
- Delegieren Sie, wenn es Ihr Geldbeutel erlaubt. Eine Putzfrau, die gar nicht häufig kommen muß, ist für viele gestreßte Mütter ein wahrer Segen. Allein das Gefühl, nicht jeden Dreck allein beseitigen zu müssen, hat etwas ungemein Tröstliches an sich.
- Billiger und dem partnerschaftlichen Zusammenleben nur zuträglich ist das Delegieren an Familienmitglieder (s. a. S. 96 ff.)

Schwieriger ist es mit Dingen, die wir aus Angst unerledigt vor uns her schieben. Sie haben meist mit schwierigen Kommunikationssituationen zu tun, bei denen wir voraussehen, daß wir uns unbehaglich fühlen werden. Man kann sich blamieren, man wird vielleicht für unverschämt gehalten, vielleicht fürchtet man, in Grund und Boden geredet zu werden oder hat Angst vor der Kränkung, daß das eigene Anliegen als unerheblich zur Seite gewischt wird. Vielleicht fürchten wir auch unangenehme Wahrheiten und drücken uns vor dem Arztbesuch oder dem Gespräch mit unserem Kontoführer bei der Bank.

Derlei Anforderungen können einem schwer auf der Seele liegen, nur leider helfen hier äußere Krücken nicht viel. Gar nicht so schlecht ist in solchen Fällen die flapsige Volksweisheit «Augen zu und durch!». Meist erweist sich im nachhinein, daß alles nur halb so schlimm war wie befürchtet.

In schwierigen Gesprächen bewährt es sich, dem Gegenüber klarzumachen, daß man sich selbst nicht wohl fühlt dabei, daß man den Standpunkt des anderen respektiert, aber dennoch den eigenen für richtiger hält. Eine solche Strategie läßt ein Gespräch nur selten eskalieren. Manchmal ist es auch psychologisch einfacher, ein Telefongespräch zu führen, selbst wenn man den Betreffenden häufig sieht. Und manchmal ist es sogar noch einfacher, einen Brief zu schreiben, weil man sich dabei sorgfältiger ausdrükken kann und der Gesprächspartner erst den gesamten Gedankengang lesen muß, bevor er zu einer Antwort ansetzt.

Solche aus Angst verschobenen Dinge können den gesamten Alltag überschatten und haben noch dazu die Angewohnheit, sich oft nur im Unterbewußtsein herumzutreiben. Es kann Wochen dauern, bis man herausfindet, weshalb man eigentlich so gereizt ist, denn oft genug passiert ja erst einmal nichts, wenn man unangenehme Begegnungen vor sich herschiebt.

Befragen Sie also Ihr Gefühl, wenn Sie den Eindruck haben, immer wieder an Unerledigtem hängenzubleiben. Entscheiden Sie, ob Sie sich mit äußeren Erleichterungen genügend Schwung verschaffen können, oder ob Sie innerlich Mut fassen müssen.

Und dann tun Sie es!

Am liebsten hätt ich jetzt ein Bett ...

Über das Auf und Ab der Leistungsfähigkeit

Wenn Sie morgens aus dem Bett steigen, dann haben Sie einen Tag vor sich, der nicht nur von einer einzigen Uhr strukturiert wird. Zeit stellt sich nicht nur im Weiterrücken eines Zeigers dar, sie pulsiert in unterschiedlichstem Tempo in fast allem, was uns umgibt. Da ist der Wechsel der Jahreszeiten, das Wachsen und Welken im Pflanzenreich, das Hell und Dunkel eines Tages, der Rhythmus von Hunger und Sättigung, der Wechsel von Wachsein und Schlaf.

All diese Rhythmen überlagern sich auf vielfältige Art und Weise und bilden zusammen ein Lebensumfeld, in dem ständig ein Zustand in den anderen übergeht.

Der menschliche Körper ist inmitten dieser pulsierenden Umwelt ein Organismus, der seine eigenen Rhythmen produziert. Direkt spürbar sind der Herzschlag und die Atmung. Aber auch Körpertemperatur, die Sekretion von Verdauungssäften oder Hirnstromkurven unterliegen rhythmischen Schwankungen, die wir zwar nicht direkt wahrnehmen, die uns aber nichtsdestoweniger wirksam beeinflussen.

Diese Körperrhythmen werden – wie könnte es anders sein – von Tag und Nacht, vom Wechsel der Mondphasen und den Jahreszeiten beeinflußt. Allerdings sind die Taktgeber bereits in unserer «Hardware», sprich: dem Gehirn und bestimmten Hormondrüsen, eingebaut und produzieren diesen Rhythmus auch weitgehend unabhängig von Hell und Dunkel. Fällt diese äußere Stimulation weg, erhält der Körper seinen Rhythmus noch eine ganze Weile aufrecht, gerät dann aber nach ein paar Wochen doch aus dem Lot und verteilt Wachheit, Müdigkeit und Verdauungsphasen völlig unabhängig davon, ob gerade Tag oder Nacht ist. Das hat man erforscht, indem bereitwillige Versuchspersonen über Wochen ohne Kontakt zu dem normalen Tagesablauf und ohne Uhr in Höhlen lebten.

Nun können wir uns ja normalerweise des Regulativs von Tag und Nacht sicher sein. Entscheidend ist für uns lediglich, zu wissen, daß unser Organismus nicht immer gleich funktioniert. Hier gibt es, wie überall, sehr große individuelle Unterschiede. Weit verbreitet bis allgemeingültig ist das Leistungstief am frühen Nachmittag und die Müdigkeit am Abend. Ebenfalls statistisch erwiesen ist ein weniger deutlich ausgeprägtes Auf und Ab der Leistungsfähigkeit in einem Rhythmus von etwa eineinhalb Stunden über den Tag verteilt. Man ist nicht unbedingt alle neunzig Minuten wirklich müde, aber Energie und Konzentration lassen doch etwas nach.

Kurven und Diagramme möchte ich Ihnen ersparen, denn jeder Mensch ist anders. Lieber möchte ich Sie ermuntern, Ihren eigenen Rhythmus selber herauszufinden. Das ist nicht ganz einfach, denn in unserer Gesellschaft hat ein Erwachsener normalerweise so viele äußere Vorgaben für seinen Tagesablauf, daß eine differenzierte Selbstbeobachtung schwerfällt und wenig einbringt. Wer zu einer bestimmten Zeit an seinem Arbeitsplatz erscheinen muß, kann nicht darauf warten, wann er von selber aufwacht. Zudem sind die meisten Berufe durch die Notwendigkeit innerbetrieblicher Koordination so weit vorstrukturiert, daß jedes sensible Hinspüren, wann man wirklich fit ist, kaum praktische Folgen haben kann. Aber für Berufe, in denen man weitgehend seine Arbeit selber einteilen kann, und eben besonders auch für die Familienarbeit kann es sehr hilfreich sein, die eigene innere Uhr zu kennen.

Um dem auf die Spur zu kommen, stellen Sie sich vor, Sie seien mit einer Antenne ausgestattet, deren Reichweite schwankt. Versuchen Sie, zu spüren, bis in welche Entfernung Ihre Schwingungen noch reichen – sowohl passiv als auch aktiv. Sie werden Zustände erkennen, in denen Sie Ihre Aufmerksamkeit auf einen großen Umkreis richten können, und solche, in denen Sie Ihre Antenne einziehen wie eine Schnecke ihre Fühler.

Für eine solche Selbstbeobachtung können Sie die Kopiervorlage auf S. 152 verwenden. (Es ist ratsam, sie etwas zu vergrößern und mehrfach zu kopieren.) Stellen Sie sich vor, Sie stünden im Mittelpunkt dieses «Ziffer-blattes», und dessen Umrandung sei die äußerste Peripherie Ihres Aktions- und Wahrnehmungsradius'. Nun können Sie im Stundenabstand ganz nach Ihrem Gefühl einzeichnen, wie weit Ihre Aufmerksamkeit und Ihr Ta-tendrang reicht. Wenn Sie das ein paar Tage gemacht haben, werden Sie se-hen, wo Ihre persönlichen Leistungsspitzen liegen und zu welcher Tages-zeit Sie sich lieber nicht allzu viel vornehmen sollten.

Bei der Umsetzung in Ihrer Tagesplanung sollten Sie bedenken, daß der menschliche Organismus eine physikalisch dahintickende Stunde je nach Tageszeit und Verfassung unterschiedlich lang erlebt und in dieser Zeit auch wirklich unterschiedlich viel zustandebringt (s. a. S. 27). Das heißt, daß Sie möglicherweise für ein und dieselbe Arbeit am Morgen eine und am Spätnachmittag eineinhalb Stunden veranschlagen müssen. Wenn es sich nicht vermeiden läßt, die Arbeit am Nachmittag zu machen, dann las-sen Sie es sich nicht verdrießen, verwenden eben eineinhalb Stunden dar-auf und kochen sich dazu einen Tee.

Kinder haben einen anderen Rhythmus

Nun ist Ihr Rhythmus eine Sache und der Ihrer Kinder eine andere, da blei-ben Konflikte nicht aus. Das kann z. B. so aussehen, daß Sie im schönsten Schwung und mit klarstem Kopf endlich Ihre Bausparprämie beantragen wollen, da quengelt Ihre Tochter herum, weil sie zu wenig geschlafen hat. Macht die Kleine dann endlich Mittagsschlaf, sind Sie schließlich auch an Ihrem Tiefpunkt angekommen. Sind Sie schlau, legen Sie sich selber auch hin, sind Sie weniger schlau, glauben Sie nun endlich die Zeit nutzen zu müssen und machen sich über das Formular her, verschreiben sich aber dreimal und stecken schließlich die Durchschrift statt des Originals in den Briefumschlag.

Die Schwierigkeit besteht darin, daß Kinder Jahre brauchen, bis sie sich dem Rhythmus der Erwachsenen angeglichen haben. Der schnelle Schlaf-Wach-Rhythmus von Neugeborenen, der sich zunächst nicht im gering-sten darum schert, ob es Tag oder Nacht ist, ist noch allgemein bekannt. Aber auch andere Rhythmen wechseln rascher: die Aufmerksamkeits-spanne, in der ein Kind sich einer Person oder einer Sache widmen kann,

ist kurz; die Ausdauer bei körperlichen Anstrengungen ist schneller erschöpft, aber auch schneller wieder aufgebaut; der Verdauungsapparat verarbeitet kleinere Portionen in schnellerem Durchlauf.

Bei der Überlagerung dieser Lebensschwingungen im Zusammenleben von Kindern und Erwachsenen entstehen Harmonien und Mißtöne – wie in der Musik. Das Kunststück der Erwachsenen besteht nun darin, sowohl ihren eigenen wie auch den Zustand der Kinder im Auge zu haben und sinnvoll darauf zu reagieren. Denn die Kinder können noch nicht voraussehen, daß sie vermutlich in einer Stunde gar nicht mehr so großen Spaß an dem Spiel in der Kissenhöhle haben werden wie sie jetzt behaupten. Ihrer eigenen Einschätzung nach werden, sie *nie wieder* woanders spielen als in dieser herrlichen Höhle, und zwar *immer* mit Matze, ihrem besten Freund, mit dem sie sich – wie Sie bereits wissen – nach spätestens zwei Stunden in die Wolle kriegen.

Rezepte dafür, wie Sie dieses Puzzlespiel bewältigen, lassen sich leider **94** nicht geben. Aber die Teile des Alltags werden um so besser zusammenpassen, je gelassener Sie auf das Auf und Ab Ihres eigenen Energiepegels reagieren. Anstatt sich zu ärgern, daß Sie schon wieder müde sind, und sich mit Kaffee oder Tee anzutreiben, sollten Sie Ihre Müdigkeit respektieren und lieber ein Nickerchen machen – das hilft hundertmal mehr!

Wir werden ein Team
Über die Arbeitsteilung in der Familie

Wenn uns jemand fragt, was eine Familie überhaupt ist, werden wir ihn vermutlich zuerst auslachen, weil die Antwort so einfach erscheint – und dann werden wir in Verlegenheit kommen. Eine zusammenlebende Gruppe von Menschen, was sonst – aber was geschieht eigentlich in dieser Gruppe? Eine ganze Menge: Erholung von der Arbeit, Aufzucht von Kindern, Zubereitung von Nahrung, Pflege von Lebensraum, Seelsorge im weitesten Sinne ... Daß dabei ganz viele Gefühle mitspielen, ist unbestritten und macht die besondere Qualität von Familienleben aus. Aber Gefühle hin oder her – *Die Familie ist ein Arbeitsplatz.*

Und in gewissem Sinne sind die Familienmitglieder ein Team von Kollegen, die gemeinsam ihren Lebensraum gestalten.

Aber Kinder als Kollegen zu betrachten – geht das nicht etwas zu weit? Was ich meine, wird klarer, wenn wir das Wörtchen «helfen» ein wenig hin und her wenden. Wird nicht wie selbstverständlich überall und immer wieder davon gesprochen, daß Ehemänner und Kinder mehr im Haushalt *«helfen»* sollten? Aber die Frage ist doch: *Wer hilft hier eigentlich wem?*

Grundsätzlich müßte jeder Mensch selber dafür sorgen, daß er etwas zu essen und anzuziehen hat und daß sein Kram halbwegs in Ordnung ist. Kinder können das noch nicht, je kleiner sie sind, um so weniger. Also *helfen die Eltern den Kindern.* Nun wachsen die Kinder heran, und ihre Fähigkeiten nehmen zu; sie können also zunehmend auf Hilfe verzichten und sich um ihre Angelegenheiten selber kümmern.

Nun soll das keinesfalls heißen, daß irgendwann ein Zeitpunkt kommt, zu dem jeder für sich in einer Familie vor sich hin werkelt. Die Vorteile der Teamarbeit sind ja, daß ähnliche Arbeiten gebündelt und verschiedene Fähigkeiten der «Kollegen» sinnvoll eingesetzt werden. Aber jedes Teammitglied hat die Verpflichtung, entsprechend seinen Fähigkeiten zum Ganzen beizusteuern.

Wenn eine Mutter zu einem Kind sagt: «Du mußt mir heute bei der Wäsche helfen!», erzeugt sie ein völlig anderes Gefühl bei ihm, als wenn sie sagt: «Heute müßtest du das Wäscheaufhängen übernehmen!» Dann hat das Kind wahrscheinlich noch immer keine große Lust dazu, aber es hat das Gefühl, als vollwertige Arbeitskraft gebraucht zu werden und nicht nur als untergeordneter Handlanger.

Natürlich gibt es in der Familie auch das tatsächliche Helfen, und zwar immer dann, wenn wirklich jemand mit etwas nicht zurechtkommt. Wenn ich einen Schraubverschluß nicht aufdrehen kann, dann bitte ich um die Hilfe stärkerer Hände, wenn meine Töchter etwas nähen wollen, bitten sie um Hilfe beim Zuschneiden, wenn mein Sohn wichtige Briefe schreibt, bittet er um Formulierungsvorschläge. Solche Hilfen erbitten und leisten zu können, ist für ein funktionierendes Familienleben wichtig und Ausdruck von Vertrauen und Fürsorge.

Also reservieren Sie den Ausdruck «Hilf mir mal!» ausschließlich für die Fälle, in denen es wirklich darum geht, Unfähigkeiten auszugleichen. Ansonsten sagen Sie lieber: «Bitte übernimm du doch …!» – würden Sie sich dabei nicht auch eher ernstgenommen fühlen?

Nun ist eine Familie ein sehr heterogenes Team. Es kann keine Rede davon sein, daß alle Teammitglieder den gleichen Überblick über das «Projekt Familienleben» haben. Schon von daher muß und wird es Unterschiede in den Unterscheidungsbefugnissen geben. «Team» kann auch nicht bedeuten, daß die Eltern die emotionale Verantwortlichkeit für die Kinder abgeben. Kinder brauchen Eltern, an die sie sich anlehnen können, bei denen sie in jeder Lebenslage «auftanken» können. Ich meine mit «Team» auch keine Arbeitsteilung, die einfach einen Teil der Alltagslast von den Eltern auf die Kinder wälzt – vor diesem Mißverständnis möchte ich warnen!

Team soll einfach nur heißen: rechtzeitig erkennen, wann und wo Kinder echte Verantwortung übernehmen können.

Heute ich, morgen du

Arbeitsverteilung zwischen den Eltern

Kennen Sie Hägar den Schrecklichen? Den Comic-Strip vom Wikinger-krieger, der im harten Lebenskampf den Lebensunterhalt seiner Familie zusammenraubt, zu Hause umsorgt und herumkommandiert von seiner Frau Helga? Durchaus imstande, Festungen zu erstürmen und feindliche Heere zu besiegen, ist ihm zu Hause schon der Mülleimer zu schwer, ganz zu schweigen von so gräßlichen Ansinnen wie schmutzige Stiefel ausziehen oder Kartoffeln schälen. Selbstredend kann Helga keinen Nagel in die Wand schlagen, da muß wieder ein starker Mann her ...

Ach, das ist doch längst überholt – oder? Es ist zwar überzeichnet, aber doch das Familienmodell, mit dem die jetzige Elterngeneration noch groß geworden ist. Und es ist das Familienmodell, das mit der Geburt eines Kindes ganz schnell reproduziert wird. Hägar und Helga können mit diesem Modell vielleicht problemlos leben. Eine Mutter, die bald wieder in den Beruf einsteigt, aber dennoch die Hauptverantwortung für den Haushalt trägt, wird dagegen irgendwann unter der berühmten «Doppelbelastung» leiden.

Wahrscheinlich ist auch bei Ihnen die Frau eher für Haus und Kinder zuständig und der Mann der hauptsächliche Geldverdiener. Sollte es anders sein, nehmen Sie es mir bitte nicht übel, daß ich in erster Linie diesen «Normalfall» anspreche. Ein paar grundsätzliche Überlegungen werden sich aber auch auf andere Lebensmodelle übertragen lassen.

Bei der Aufteilung der Arbeit im «Erwachsenenteam» einer Familie spielen drei Gesichtspunkte eine Rolle: die *Zeit*, die dem einzelnen neben seiner Berufsarbeit für Hausarbeit bleibt, die *Anerkennung*, die die Partner gegenseitig für ihre Arbeit aufbringen, und die *Maßstäbe*, nach denen sie erledigt wird.

Zunächst erscheint es gerechtfertigt, wenn derjenige, der mehr Zeit außer Haus verbringt als der Partner, auch zu Hause weniger Pflichten übernimmt. In der Praxis ist nur oft nicht einfach auszumachen, ob der Heimkommende trotz Feierabend nun noch den Flur fegen müßte oder nicht. Nehmen wir an, ein Vater hat acht Stunden im Betrieb gearbeitet

und eine Mutter acht Stunden lang Kinder und Haushalt betreut. Trotzdem muß noch Wäsche abgenommen und das Bad geputzt werden. Ist das jetzt ein gemeinsam zu erledigender Überhang an Arbeit, oder müßte doch die Frau ihn noch machen, weil sie ja am Tag dem Kind eine Stunde lang vorgelesen hat, was man schließlich unter «Freizeit» verbuchen könnte?

Dieser Doppelcharakter des Familienbereiches als Arbeitsplatz und Erholungsort kann zu heftigen Konflikten führen. Solange Familienmitglieder mit dem Gefühl «Feierabend!» nach Hause kommen, wird sich ihre Bereitschaft, nun noch bei der Hausarbeit mit anzupacken, in sehr bescheidenen Grenzen halten.

Verständigen Sie sich also mit Ihrem Partner über den Stellenwert, den Sie der Hausarbeit und der Kinderbetreuung beimessen wollen. Denn eines unterscheidet sie grundlegend von jeder Berufsarbeit, und sei diese noch so interessant: Sie dient direkt – nicht über Geld vermittelt – den Menschen, die einander am nächsten stehen. Dennoch steht sie auf der Skala der gesellschaftlichen Anerkennung ganz unten. So kann es dazu führen, daß der Berufstätige dem zu Hause Gebliebenen die unentfremdete

Arbeit neidet und der zu Hause Gebliebene dem Partner die gesellschaftliche Anerkennung und den Verdienst.

So können Sie die Hausarbeit gerecht verteilen

1. Sorgen Sie dafür, daß Sie beide wissen, wovon Sie reden, wenn es um Hausarbeit geht. Tauschen Sie ab und zu die Rollen – aber richtig. Das bedeutet für den hauptsächlich zu Hause Arbeitenden: übers Wochenende allein wegfahren, regelmäßige Nachmittags- oder Abendtermine für Sport oder Hobby in Anspruch nehmen, auch mal allein verreisen. Und wer die Rolle zu Hause übernimmt, sollte diese mit voller Aufmerksamkeit ausfüllen und nicht als zusätzlichen Urlaub betrachten. Sicher werden Kinder und Vater ein gemeinsames Wochenende mit Spielen, Ausflügen und Lego-Bauen genießen. Aber zu diesem Programm sollte dann auch gehören, daß am Sonntagabend die Küche sauber, das Spielzeug aufgeräumt, die Handtücher gewaschen und das Wohnzimmer gesaugt ist.

2. Stellen Sie gemeinsam ein realistisches Zeitbudget für den Haushalt auf. Sie können anhand eines Wochenprotokolls ungefähr abschätzen, wieviel Zeit für welche Routinearbeiten gebraucht wird (siehe Kopiervorlagen auf S. 150 und S. 151).

   Überlegen Sie, wieviel Zeit Sie für die Versorgung Ihrer Kinder aufbringen müssen und wieviel Zeit reiner «Zuwendung» Sie für sie haben wollen.

   Überlegen Sie dann gemeinsam, wer welche Arbeiten gern macht, gut kann oder gar nicht mag.

   Überlegen Sie auch, welche Arbeiten im Notfall von beiden beherrscht werden müssen (z. B. Wäsche waschen) und welche ohne böse Folgen dem einen oder dem anderen überlassen bleiben können (z. B. Auto sauberhalten).

   Aus den so gewonnenen Erkenntnissen können Sie Absprachen ableiten, wer sich wofür verantwortlich erklärt. Dabei kann durchaus herauskommen, daß die Frau weitaus mehr im Haus tut als der Mann, aber als bewußte Entscheidung und nicht als unbewußte Rollenübernahme.

3. Verwenden Sie einen der im Anhang vorgestellten Planer (Monatsmanager oder Karteikasten.

4. Einigen Sie sich auf einen Zeitpunkt am Abend, an dem für alle Feierabend ist, auch wenn vielleicht noch Arbeiten liegengeblieben sind. Zusammensitzen und miteinander reden ist wichtiger als die letzten Hemden, die noch im Bügelkorb liegen!

Alles bleibt an mir hängen! –

Wenn Sie alleinerziehend sind

Leben Sie nicht mit einem erwachsenen Partner zusammen, werden Sie natürlich andere Probleme haben. Der entscheidende Unterschied ist wahrscheinlich nicht einmal, daß Sie objektiv mehr Arbeit haben, sondern das sichere Wissen, daß Ihnen niemand irgend etwas abnehmen wird.

Ob Sie unter diesem Mangel an Kommunikation und Arbeitsteilung leiden, oder ob es Ihnen ganz recht ist, in allem selbst entscheiden zu können, das wissen Sie selber am besten. Denn es gibt diese beiden Facetten der alleinigen Verantwortlichkeit: den großen Druck und die große Handlungsfreiheit. Unterm Strich wiegt der Druck wahrscheinlich schwerer. Aber wenn Sie es schaffen, Ihr Arbeitspensum so zu gestalten, daß es von einer Person zu bewältigen ist (siehe all die praktischen Hinweise dieses Buches!), werden Sie auch den Nutzen der Alleinverantwortlichkeit haben, denn es spart durchaus Energie, nichts absprechen zu müssen.

Und ich denke, für Alleinerziehende gilt noch mehr als für Elternpaare, daß sie die Möglichkeiten der «Doppelnutzung» von Zeit ausschöpfen sollten. Aus der Unmöglichkeit, dem Partner mal schnell die Kinder zuzuschieben und rasch einzukaufen, sollten Sie die Chance einer gemeinsamen Unternehmung machen.

Es heißt oft, ein Kind habe viel mehr davon, wenn die Eltern in der Zeit, in der sie mit ihm zusammen seien, sich auch intensiv um es kümmerten und etwas Schönes mit ihm unternähmen, als wenn sie reichlich Zeit mit ihm verbrächten, dabei aber mit anderen Dingen beschäftigt seien. Dafür hat jemand das Schlagwort «Qualitätszeit» erfunden.

Ich halte das für den Versuch, den bestehenden Konflikt zwischen Berufstätigkeit und Kinderbetreuung, den Alleinerziehende noch eher als Elternpaare auszutragen haben, einfach wegzudefinieren. Miteinander gelebte Zeit sollte in keinem Fall von Hektik und Geistesabwesenheit geprägt sein – egal, ob Sie im Zoo oder im Supermarkt herumspazieren. Aber Kinder brauchen die Gewißheit eines sicheren Lebenshintergrundes, und den kann man nicht stundenweise konzentriert verabreichen. Er besteht einfach aus der sichtbaren Sorge für Essen, Trinken und ein warmes Bett, und wenn das Kind diese Sorge miterlebt, wird es auch das als Zuwendung empfinden. Alleinerziehende, denen die Vielschichtigkeit miteinander gelebter Zeit bewußt ist, können ihren einfachen Alltag mit kleinen Ritualen so freundlich gestalten, daß sie sich das schlechte Gewissen sparen können, den Kindern nicht das gleiche zu «bieten» wie zu zweit erziehende Paare.

Mama, darf ich auch mal?

Hausarbeit mit Vorschulkindern

Mit kleinen Kindern werden Sie sich selten im Haushalt allein gelassen fühlen – haben Sie doch freiwillige Helfer im Haus! Da wird mit Begeisterung im Suppentopf gerührt, daß es nur so schwappt; es wird mit dem großen Besen im Staub herumgefegt, daß es eine Freude ist; das Straßekehren wird erledigt bis zur Mitte der Fahrbahn, sollen die dummen Autos doch warten!

Kleine Kinder lieben es, all das zu tun, was die Großen auch tun. Sie sind noch nicht so weit, zu erkennen, daß eine Arbeit aus mehr besteht als den paar Bewegungen, die sie den Großen nachmachen. Sie orientieren sich am Tun, nicht am Ergebnis. Sie hören auf, wenn sie keine Lust mehr haben, und sie können das Ergebnis ihrer «Arbeit» gar nicht richtig einschätzen.

Ehrlich gesagt: Kinder im Vorschulalter machen sich dann am nützlichsten, wenn sie Ruhe geben und ihre Dreckschuhe im Flur ausziehen. Aber ist das unser Ziel?

Sie haben sicher auch schon die Ratschläge gelesen, daß man den Eifer der jungen Kinder nutzen sollte, um sie zwanglos an Hausarbeit zu gewöhnen. Um so leichter würden sie später kleine Pflichten übernehmen. In dem ein oder anderen Fall mag das funktionieren. Ich habe aber eher die Erfahrung gemacht, daß Kinder ab einem gewissen Alter sogar so lustbesetzte Arbeiten wie das Verzieren von Weihnachtsplätzchen nur noch stöhnend erledigen.

Wenn es um Teamarbeit mit Vorschulkindern geht, müssen Sie zweierlei unterscheiden: Es gibt Anforderungen an die Kinder, die den *Ablauf des Alltags erleichtern*, und solche, die *Fähigkeiten und Fertigkeiten* vermitteln. **103**

Anforderungen zur Arbeitserleichterung sind nicht wirklich Verteilung von Aufgaben, sondern Verhinderung unnötiger Arbeit.

So können Sie unnötige Arbeiten verhindern

1. Auch kleinere Kinder sollten die Gewohnheit entwickeln, Jacken an den Haken zu hängen, Schuhe am richtigen Ort auszuziehen und Kleidung nicht auf den Boden zu werfen. Sie als Eltern brauchen Konsequenz, brauchbare Kleiderhaken, erreichbare Schuhregale und einen Stuhl an jedem Bett, dann klappt das.

2. Die Kinder sollten lernen zu akzeptieren, daß Sie als Erwachsener auch mal etwas allein machen wollen. Wenn die «Mithilfe» der Kinder ansonsten angenommen wird, können sie von Fall zu Fall auch mal großzügig darauf verzichten – wissen sie doch selbst, wie schön es ist, etwas «allein» zu können und zu machen!

   Sinnlos ist der Hinweis, daß es schnell gehen muß und Sie aus diesem Grund allein arbeiten wollen. Dieses Argument ist für ein Kind völlig unverständlich, da es keine realistischen Zeitvorstellungen hat. «Schnell» kann doch nur soviel heißen wie «weniger Arbeit». Und wenn es mithilft, hat der Papa doch weniger Holz aufzustapeln, warum soll es dann nicht mitmachen?

3. Halten Sie selber bestimmte Regelmäßigkeiten ein, die das Kind zunächst nur beobachtet. Wenn Sie z. B. nach dem Essen immer gleich den Tisch abräumen, werden Ihre Kinder das als selbstverständlich ansehen und sich ohne große Diskussionen daran beteiligen, sobald sie dazu in der Lage sind.

So können Sie Fähigkeiten und Fertigkeiten vermitteln

1. Erledigen Sie so oft wie möglich Dinge mit den Kindern gemeinsam. Wenn Sie die Zeit, die Sie gemeinsam mit einem Fünfjährigen beim Straßefegen verbringen, als Zeit verstehen, die Sie Ihrem Kind geschenkt haben, haben Sie mehrere Fliegen mit einer Klappe geschlagen: Sie haben sein Selbstbewußtsein gestärkt, Sie haben es Nähe und.

Wertschätzung spüren lassen, es hat den Umgang mit dem Besen geübt – und Sie haben tatsächlich auch die Straße gefegt, selbst wenn es etwas länger gedauert hat.

2. Überlassen Sie Kindern Werkzeug für den Haushalt auch zum Spielen. Kinder, die mit den Besen Hexe spielen durften, haben viele Male die Bewegungen des Fegens geübt, bevor es ernst wird. Kinder, die mit dem Schraubenzieher in einem alten Ast bohren durften, wissen, wie man ihn anfaßt, wenn Sie später darum bitten, die Schraube an der Türklinke nachzuziehen. Kinder, die mit der Nähmaschine Muster in Papier nähen durften, können später selbst die aufgerissene Naht in der Lieblingsjeans flicken.

3. Bieten Sie Ihren Kindern Haushaltsgegenstände im Miniaturformat als Spielzeug an. Ich finde es zwar im Prinzip zweifelhaft, Kindern Mini-Scheinwelten anzubieten, aber unser funktionsfähiger Küchenherd im Kleinformat war ein Volltreffer. Auch kleine Besen, kleine Hämmer, kleine Backformen und kleine Schubkarren funktionieren wirklich und machen Kindern großen Spaß.

Immer ich!

Hausarbeit mit Grundschulkindern

Irgendwann beginnt der «Ernst des Lebens» für die Kinder: Sie kommen in die Schule. Nun sollen sie sich von den Als-ob-Handlungen ihrer Vorschulzeit Schritt für Schritt verabschieden. Die ganz echte Verantwortung bedeutet natürlich auch Schule noch nicht. Aber vieles klaglos zu tun, wozu sie keine Lust haben – das ist neben den Kulturtechniken ein entscheidendes Lernziel dieser Altersstufe.

Manche Eltern neigen nun dazu, mit den Kindern Mitleid zu haben. Den ganzen Vormittag müssen sie in der Schule stillsitzen, und zu Hause quälen sie sich noch mit Hausaufgaben – da kann man sie doch nicht auch noch mit Hausarbeit belasten! Zumal ihnen noch immer die Fähigkeit fehlt, eine Aufgabe wirklich selbständig zu erledigen. Ich weiß von berufstätigen Müttern, die neben ihrer Berufsarbeit die Hausarbeit weitgehend selber erledigen, weil sie die Nerven nicht haben, sich mit den Widerständen und Ungeschicklichkeiten der Kinder auseinanderzusetzen. Noch viel eher neigen Mütter dazu, die nicht berufstätig sind. Ich kenne das! Als unsere Kinder auf Drängen ihres Vaters hin in das tägliche Abwaschen einbezogen wurden (wir haben bis heute keine Spülmaschine), fühlte ich mich tatsächlich ein wenig überflüssig, denn wozu war ich dann eigentlich noch da?

Das Grundschulalter ist die Zeit, in der die Kinder die ersten Schritte auf dem Weg zur Selbstversorgung gehen können. Sie als Eltern werden zunächst sicher nicht weniger Arbeit dadurch haben. Aber Sie haben jetzt noch eine Chance, die Ihnen entgeht, wenn Sie erst im Jugendalter damit anfangen, die Kinder einbeziehen zu wollen. Dann nämlich werden sie anfangen, Ihre Wünsche in Sachen Hausarbeit zu diskutieren. Ein Grundschulkind fegt die Treppe, wenn es darum gebeten wird, ein Pubertierender wird fragen, was das eigentlich soll.

In den folgenden praktischen Ratschlägen werden Sie eines nicht finden, was es in anderen Büchern oder Zeitschriftenartikeln ähnlichen Themas gibt: eine Auflistung der Tätigkeiten, was einem Kind in welchem Alter zugemutet werden kann. Ich finde solche Listen eher zweifelhaft. Wann immer ich eine solche fand, checkte ich ab, was unsere Kinder davon taten und was nicht. Dabei beschlich mich eher ein schlechtes Gewissen ob all der Dinge, die sie noch nicht konnten, als daß ich Mut geschöpft hätte, ihnen dies oder jenes aufzutragen. Wenn Sie nach folgenden Überlegungen auswählen, was Ihre Kinder übernehmen können, werden Sie gut ohne Liste auskommen.

Vorschläge für Hausarbeit mit Grundschulkindern

1. Während bei einem Vorschulkind noch das Mitmachen mit den Erwachsenen dominiert, können Sie Kindern ab dem Grundschulalter durchaus kleinere Hausarbeiten übertragen und darauf bestehen, daß sie sie allein erledigen.

2. Achten Sie darauf, daß die Arbeiten in kurzer Zeit zu schaffen sind. Wenn ein Kind nach zehn Minuten stolz Besen und Schippe zurückräumen kann, freut es sich über sich selbst, wenn es nach einer halben Stunde noch immer nicht alles Laub im Garten zusammengerecht hat, wird es nur noch stöhnen. Arbeiten, die länger dauern, sollten Sie in kleine Portionen aufteilen und «Erholungszeiten» dazwischen zulassen.

3. Wählen Sie Arbeiten aus, die nicht zu komplex sind. Zu «Küche aufräumen» oder «Einkauf wegpacken» z. B. gehören so viele Einzelhandlungen, daß ein Grundschulkind damit überfordert ist.

4. Geben Sie klare Anweisungen. Sagen Sie nicht «Bring bitte den Müll raus!», sondern «Trage bitte den grünen Eimer zur Komposttonne, den roten in den gelben Sack, und den Papierkorb leerst du in die Papiermüllkiste!» Natürlich wird Ihr Kind irgendwann allein Bescheid wissen, wenn es eine Arbeit schon öfter gemacht hat, aber Sie werden sich wundern, wie häufig Sie genaue Anweisungen geben müssen.

5. Äußern Sie Bitten um Mitarbeit nicht zu plötzlich und nicht zu lange im voraus. Werden Kinder aus einer Beschäftigung herausgerissen, weil sie auf einmal Hausarbeit übernehmen sollen, reagieren sie verständlicherweise eher sauer als kooperativ.

   Wenn Sie ihnen dagegen mitteilen, daß Sie in drei Tagen ein aufgeräumtes Zimmer erwarten, könnten Sie geradesogut einen Zeitraum von fünfundzwanzig Jahren angeben. Beides bedeutet für das Kind «irgendwann, aber nicht jetzt».

   Für einmalig angesetzte Arbeiten ist eine Vorwarnzeit von einer halben bis einer Stunde angebracht, bei Routinearbeiten können Tageszeiten festgelegt sein. Rechnen Sie damit, daß Sie Ihr Kind werden erinnern müssen – das ist einfach so und kein Grund zum Grollen, weder auf Ihrer Seite noch auf seiten des Kindes.

Muß das sein?

Hausarbeit mit Jugendlichen

Haben Ihre Kinder das Teenie-Alter erreicht, verändert sich der Charakter der Mitarbeit noch einmal. Grundsätzlich können Kinder jetzt alles. Der Wassereimer ist nicht mehr zu schwer, der Rasenmäher nicht mehr zu gefährlich, die Spannweite der Arme reicht aus, ein Bett zu beziehen. Nur der Überblick, der fehlt meist noch.

So ist z. B. unser Sohn perfekt im Rasenmähen – aber dennoch hat er jüngst eine Zucchinipflanze abrasiert, die knapp neben dem Komposthaufen gepflanzt war. Besser geklappt hat eine Putzaktion unserer Dreizehnjährigen in ihrem und dem Zimmer ihrer kleinen Schwester. Ich hatte ihr einen Zettel geschrieben, in dem jeder Schritt benannt war: Teppiche herausnehmen, ausschütteln und auf dem Treppengeländer ablegen, Stühle umgekehrt auf die Betten legen, alles, was auf dem Boden liegt, auf die Schreibtische legen … Ich kam mir schon albern vor mit dem Zettel. Aber es hätte eben nicht genügt, ihr zu sagen, sie solle das Zimmer putzen.

Tatsächlich hatte ich sie schon mehrmals dazu aufgefordert, aber sie hatte sich stets erfolgreich davor gedrückt. Nun tat sie es ohne Murren – warum? In einem amerikanischen Buch über Kinder und Hausarbeit fand ich eine einleuchtende Erklärung. «Kndr nd Hsrbt, ds st n schwrgs Kptl» – ich nehme an, Sie können das entziffern? Und warum? Weil Ihnen die Erfahrung sagt, welche Vokale zwischen die Konsonanten gehören.

Wenn Sie nun einem Kind sagen «Bitte, putz das Zimmer», gehen Sie davon aus, daß es solche Selbstverständlichkeiten wie Teppich-Ausschütteln und Stühle-Hochstellen von selbst in den Arbeitsablauf einfügt. Das wären sozusagen die Vokale in dem Satz, die aber selbst ein Teenie noch nicht von selber erraten kann. Sie brauchen sich darum nicht komisch zu fühlen, wenn Sie Arbeitsaufforderungen zumindest beim ersten Mal sehr genau durchbuchstabieren.

Nun werden Jugendliche vieles nicht nötig finden, was Sie von ihnen erwarten. Ihre Chaostoleranz ist in der Regel enorm. Ich weiß nicht, ob schon jemand wissenschaftlich erforscht hat, woran das liegt – auf der Ebene der Alltagserfahrungen bieten sich mehrere Erklärungsmodelle an:

– *Jugendliche erleben wie Kinder ihre Umgebung noch nicht differenziert in den Kategorien «menschengemacht» oder «naturgewachsen».* Wenn die T-Shirts immer im Schrank liegen, dann tun sie das, weil sie da hingehören, und nicht, weil eine Mutter sie immer wieder dort hinlegt.

– *Weil Jugendliche Ordnung nicht als gemachte Ordnung empfinden, geht von Unordnung keine Arbeitsaufforderung an sie aus.* Wenn die Socken auf dem Boden herumfliegen und dazwischen drei CDs, eine Illustrierte und der Nagellackentferner, dann liegen sie eben dummerweise da. Man muß sich einfach merken, daß man beim nächsten Nagellackieren auf dem Boden zu suchen hat, und wenn man dabei Musik hören will, liegt die CD ja praktischerweise gleich daneben.

– *Jugendliche beginnen, ihr «Revier» abzustecken,* sowohl zeitlich als auch räumlich. Unordnung, Langsamkeit und chaotische Zeitplanung haben dann auch die Funktion, den Eltern den Zugriff auf dieses «Revier» zu erschweren.

– *Die Zeitwahrnehmung von Jugendlichen ist noch nicht auf Effektivität ausgerichtet.* Ziehen sie die Bluse aus, ist es der minimalste Zeitaufwand, sie einfach fallen zu lassen. Daß sich die Mühe nach zwei Tagen erheblich erhöht, wenn sie sie zerknittert aus einem Haufen anderen Krams herausziehen müssen, geht in ihre Rechnung noch nicht ein.

– *Jugendliche haben gute Nerven und ein unverbrauchtes Gehirn.* Jugendliche fühlen sich nicht belästigt, wenn sie ein Zimmer nur im Storchenschritt durchqueren können oder wenn sie beim Zeitunglesen erst die Frühstücksutensilien beiseite schieben müssen. Diese Belastbarkeit der Nervenbahnen ist eine physiologische Tatsache, die es Jugendlichen schwermacht, sich in ihre Eltern hineinzuversetzen. Die sind in der Regel zwischen 40 und 50 Jahren alt, gerade am Gipfelpunkt ihrer Verantwortlichkeit und Arbeitsbelastung, und bemüht, jede überflüssige Anstrengung in Gestalt von Suchen oder unnötiger Räumarbeit zu vermeiden.

– *Jugendliche wollen nicht mehr nur selber «machen» wie Grundschulkinder, sondern sie wollen selber entscheiden.* Der Prozeß des Erwachsenwerdens muß ja einschließen, daß ein junger Mensch selbständig Entscheidungen treffen darf. Dabei richtet sich sein Bedürfnis nach Unabhängigkeit leider nicht danach, ob er auch bereits alle Faktoren bedenken kann, die

für seine Entscheidungen eine Rolle spielen. Notfalls wird das Entscheiden geprobt ohne Rücksicht auf Voraussetzungen und Folgen, und wenn Erwachsene ihn hindern oder steuern wollen, fühlt er sich nicht für voll genommen und ist beleidigt.

In Sachen Arbeitsverteilung innerhalb der Familie kann es sehr unerfreuliche Folgen haben, wenn ein Jugendlicher darauf besteht, selbst zu entscheiden, wann er was erledigt. Dann wird der Rasen am Sonntagmittag gemäht, die Treppe geputzt, wenn der Besuch schon am Kaffeetisch sitzt, und wenn abends um halb elf die Eltern Richtung Bett streben, kommt der Sohn und braucht den Papa dringend bei einem mathematischen Problem, denn am nächsten Tag wird eine Arbeit geschrieben. Aber wehe, wenn schon zwei Tage zuvor die Frage nach der Klassenarbeit gestellt worden wäre – «Das ist doch meine Sache, oder?» hätte es dann geheißen …

Dieser Ungleichzeitigkeit in der Entwicklung von Ansprüchen, Fähigkeiten und organisatorischem Überblick können Sie entgegenarbeiten:

Vorschläge für Hausarbeit mit Jugendlichen

1. Sie sollten spätestens mit Zwölf- bis Dreizehnjährigen die Idee des «Eltern helfen Kindern» durchsprechen (s. auch S. 96). Die Mißlichkeit der zusätzlichen Arbeit nimmt ein Kind gern hin für das Gefühl, ein Teammitglied und nicht nur ein Handlanger zu sein. Leiten Sie das Gespräch ein mit der Frage: «Was hältst du von dem Gedanken, daß ...?» – es wird ihn kaum von sich weisen.

2. Gehen Sie nicht davon aus, daß Jugendliche die Hilfe der Eltern nicht mehr brauchen. Auch wenn sie körperlich ausgewachsen sind und lauthals den Anspruch vor sich hertragen, für voll genommen zu werden, werden sie vielleicht dankbar annehmen, wenn die Eltern beim Ausmisten des Zimmers helfen oder für die Reiseplanung Landkarten, Fahrpläne und Kalender hervorholen.

3. Für Jugendliche können Sie bereits Wochenpläne machen. Ihr zeitlicher Überblick reicht so weit, daß sie mehrere Tage im voraus denken können. Erwarten Sie dennoch nicht, daß ein Jugendlicher tatsächlich noch am Freitag von selbst daran denkt, was Sie am Montag mit ihm besprochen haben. Freundliches Erinnern hat auch jetzt noch nicht ausgedient.

4. Sie können Jugendlichen komplexe Aufgaben übertragen, sollten sie aber vorher detailliert durchsprechen.

5. Stecken Sie die Bereiche genau ab, in denen Sie sich auf keine Diskussionen einlassen. So, wie Kinder Bereiche brauchen, in denen sie ihre Entscheidungskompetenz üben können, brauchen auch die Erwachsenen Bereiche, in die die Kinder nicht hineinreden dürfen. Das können sehr wohl auch Bereiche sein, die von den Kindern mitbenutzt werden. Es ist Ihr Lebensraum, den Sie sich geschaffen haben. Die Kinder haben noch viele Möglichkeiten, es anders zu machen, darauf können Sie hinweisen. Wenn Sie es nicht leiden können, daß die Jacke des Sprößlings immer wieder über dem Eßzimmerstuhl hängt, fangen Sie nicht an, die objektive Notwendigkeit der Flurgarderobe zu diskutieren. Objektiv kann man auf dem Stuhl auch dann sitzen, wenn die Jacke darüber hängt – wenn Sie so argumentieren, werden Sie immer den kürzeren

ziehen. Aber Sie haben das Recht auf das Gefühl, nicht in einem Durchgangszimmer zu sitzen, und dieses Recht sollten Sie verteidigen.

6. Lassen Sie sich nicht auf Diskussionen darüber ein, was andere Kinder oder Jugendliche alles dürfen oder nicht machen müssen. Es wird immer Familien geben, in denen andere Regeln herrschen als bei Ihnen, vielleicht auch tatsächlich solche, die es den Kindern im Augenblick bequemer machen. Auch unsere Kinder haben sich schon reichlich beschwert – um dann irgendwann entsetzt zu erzählen, daß der Soundso doch wirklich nicht wußte, woran man erkennt, daß Wasser kocht ...

Taschengeld und Straßefegen

Über das Bezahlen von Familienarbeit

In vielen Familien wird die Verteilung von Hausarbeit über Geld geregelt, wie im «wirklichen» Leben auch. Einmal Wohnzimmer saugen fünfzig Pfennig, einmal Kühlschrank saubermachen eine Mark, einmal Rasenmähen zwei Mark ...

Das funktioniert. Ebenso wie Taschengeldentzug bei Nichterledigung von Pflichten. Aber ich gebe zu, daß ich mich mit diesem Prinzip nicht anfreunden kann. Bei uns in der Familie ist noch kein Pfennig für erledigte Hausarbeit gezahlt worden. Eher wird geschimpft und gezackert als der Geldbeutel gezückt.

Aber warum – es würde doch alles viel einfacher machen? Meiner Meinung nach wäre es das Eingeständnis, daß Familienarbeit nicht Sache der Kinder ist. Für das Kind wird die Tätigkeit ihres unmittelbaren Sinns entkleidet. Es mäht nicht mehr den Rasen, damit es wieder mit den Freunden Fußball spielen kann, sondern um sich eine neue CD zusammenzusparen. Es macht den Kühlschrank nicht sauber, damit die Milch nicht nach Salami stinkt, sondern damit es morgen ins Kino gehen kann. Die Tauschverhältnisse unserer Geldgesellschaft halten damit Einzug ins Familienleben.

In gewisser Weise liegt eine solche Sichtweise näher an der Perspektive des Kindes als unser Prinzip der unbezahlten Verpflichtung, und darum klappt es ja auch in vielen Familien. Ein klebriger Kühlschrank macht Kindern nichts aus, solange die dort gelagerten Milchschnitten nicht festpappen. Für den Lebenskreis des Kindes sind diese Dinge gerade so egal, wie es dem Vater in seinem Büro egal ist, ob Herr Meyer oder Herr Müller die Lebensversicherung abschließt – Hauptsache, er bekommt die Provision und kann sich die neue Kamera kaufen. So gesehen ist das Bezahlen von Hausarbeit sehr realitätsnah und vielleicht wirklich ein effektives Lebenstraining.

Diese Argumente will ich Ihnen nicht vorenthalten, vielleicht wollen Sie sich ja entschließen, auch Familienarbeit zu bezahlen. Möglicherweise werden die Kinder motivierter sein, und Sie werden sich eine Menge Streß ersparen. Es kann aber auch ganz anders kommen: Eine Freundin bot ihren Kindern Bezahlung für Hausarbeit an, worauf ihr genügsamer Sohn meinte, er hätte genug Geld, er brauche nichts zu arbeiten!

In einem anderen Bereich haben auch wir dieses Prinzip aufgegriffen – bei den Schulleistungen. In der Schule leisten Kinder tatsächlich «entfremdete» Arbeit. Dort wird nicht nach Interessen und Lebenszusammenhängen gefragt, sondern die Kinder müssen ein bestimmtes Pensum in ihren

Kopf packen, auf Befehl wieder ausspucken, und dann gibt's eine Note – Schulwährung. Damit können sich die Kinder aber nichts kaufen, und darum tauschen wir diese Schulwährung am Tag der Zeugnisausgabe in eine «harte» Währung um. Es gibt einen Sockelbetrag je nach Schulstufe, und pro Note noch etwas drauf, für die guten etwas mehr als für die bescheideneren. Auch das haben wir lange überlegt, fanden es dann aber sinnvoll.

Aber Familienarbeit bezahlen? Erwachsene bezahlen sich ja gegenseitig auch nicht dafür, wenn sie gemeinsam den Haushalt führen. Jeder ist Nutznießer des Ganzen und trägt seinen Teil dazu bei, jeder nach seinen Möglichkeiten, da hat Geld nichts zu suchen. Im Gegenteil, es zerstört den Sinnzusammenhang des Ganzen, weil es die einzelnen Tätigkeiten austauschbar macht. Ich halte es für sehr wichtig, daß im Privatleben Bereiche erhalten bleiben, in denen es wirklich darauf ankommt, *was* man macht und *für wen* man es macht – auch wenn es mal langweilig ist. Den Kindern gegenüber können Sie durchaus so argumentieren, daß ihre Musikstunden und ihr Judoklub auch über ihre Mitarbeit bezahlt werden können, denn sonst müßten Sie vielleicht Geld für andere Hilfskräfte ausgeben. Aber dieses Geld dann den Kindern auszuzahlen würde bedeuten, sie auf eine Ebene mit Hilfskräften zu stellen.

Verwerflich ist es sicher nicht, Familienarbeit über Geld zu regeln. Aber wenn Ihnen daran liegt, Ihre Familie als einen Ort persönlicher Gestaltung von Lebensraum zu pflegen, lohnt die Mühe, Ihre Kinder über die Sache und nicht über Geld in die gemeinsame Arbeit einzubeziehen.

Mir doch egal!

Wenn Kinder Widerstand leisten

Vielleicht klang Ihnen bei all meinen schönen Vorschlägen, wie Sie Ihre Kinder zur Mitarbeit heranziehen können, bereits deren Mosern im Ohr: «Immer ich!», «Das habe ich doch erst gestern gemacht!», «Keinen Bock!», «Das kann ich nicht!», «Stört doch keinen!», «Ich muß aber noch Hausaufgaben machen, wir schreiben morgen ...!»

Kennen Sie? Ich auch. Kinder sind nicht die Bereitwilligkeit selbst, wenn es ums Arbeiten geht. Eigentlich kann man es ihnen nicht einmal verübeln. Sie wachsen in einer Gesellschaft auf, die zwei Tugenden braucht: das Arbeiten, aber ebenso auch das hemmungslose Konsumieren. Sie begegnen auf Schritt und Tritt Aufforderungen, sich einfach zu nehmen, zu holen, zu genießen. Das berühmte «Erst die Arbeit, dann das Vergnügen», das sicher auch mancher von Ihnen als Kind noch zu hören bekam, ist zunehmend überholt. Auch die Erwachsenen konsumieren auf Pump, haben gelernt, daß es als Tugend zählt, spontan seinen Bedürfnissen zu folgen, und der wird mit Anerkennung bedacht, der es schafft, seine eigenen Vorstellungen durchzusetzen, notfalls auf Kosten von anderen. Und nun erwarten wir von Kindern, ohne Murren langweilige Hausarbeit zu verrichten!?

Damit könnte man ja noch umgehen, wenn man wirklich überzeugt wäre, im Recht zu sein. Nur entgleitet uns selbst diese Überzeugung mehr und mehr. Kürzlich formulierte es die Leiterin einer Familienbildungsstätte so: Es scheine zunehmend so zu sein, daß nicht mehr die Erwachsenen darüber entscheiden, ob eine Erziehungsform als gelungen einzustufen sei, sondern die Kinder. Wir lassen die Kinder darüber befinden, ob wir Eltern uns angemessen verhalten, denn wenn die Sprößlinge über die Stränge schlagen, dann müssen wohl wir etwas falsch gemacht haben.

Wie sah man das früher?
Noch unsere Elterngeneration suchte viel häufiger die Schuld beim Kind, es wurde als «unartig» oder «ungezogen» bezeichnet und hatte sich gefälligst zu bessern – es wurden nicht etwa die Ansprüche der Eltern zurückgenommen.

Sicher ist dabei auch häufig übermäßiger Druck ausgeübt worden, und einfühlsam war eine solche Haltung gewiß nicht immer. Aber sie ließ dem Kind ein Stück *Verantwortung* für sein Handeln, ihm wurde zugetraut, den Erwartungen der Erwachsenen zu entsprechen. Auf dieser Ebene wurde ein Kind viel ernster genommen, als wenn wir bei jeder Bockigkeit annehmen, wir hätten das arme Kind vielleicht überfordert oder wir hätten unsere Bitte nicht angemessen vorgebracht. Wir fühlen uns heutzutage in der Pflicht, unsere Kinder nicht nur mit Essen und Kleidung, sondern auch **115**

mit Glück zu «versorgen». Sie brauchen uns bloß ein bißchen Unglück vorzuspielen, und schon sprießen unsere Versagensängste.

Mit Widersetzlichkeiten von Kindern umzugehen, fordert Eltern auf zwei Ebenen heraus. Die eine liegt darin, eine Einstellung zu finden, die aus der Pflicht befreit, rundum für das Glück der Kinder verantwortlich zu sein. Die andere ist praktischer und besteht darin, im Einzelfall unterscheiden zu können, ob ein Kind wirklich mit einer Aufgabe überfordert ist, und wodurch man diese Überforderung abstellen kann.

Was die innere Einstellung angeht: Versuchen Sie doch einmal sich vorzustellen, das motzende Kind vor Ihnen sei nicht ihr eigenes, sondern Ihnen zur Erziehung anvertraut. Das ist schwierig, zugegeben, aber es kann einen Anflug des Gefühls vermitteln, das sich einstellt, wenn man sich nicht nur für das Glück des Kindes, sondern auch für seine Lebenstüchtigkeit verantwortlich fühlt. In vergangenen Jahrhunderten war es vielfach üblich, die Kinder schon recht früh zur Erziehung in andere Haushalte zu schicken. Dahinter steckte nicht materielle Not, sondern eher die Erfahrung, daß Kinder und Jugendliche in einer Umgebung, der nicht mehr der «Ammengeruch» anhaftet, leichter die Verantwortung für sich selber übernehmen. Wir können diese Praxis natürlich nicht nachmachen – wer wollte das schon? –, aber wir können hin und wieder durch ein solches Gedankenspiel üben, Grenzen anders abzustecken und unseren Kindern gegenüber bestimmter aufzutreten.

Oft liegt aber die Widersätzlichkeit der Kinder gar nicht darin, daß sie nicht wollen, sondern daß sie nicht können. Nur sind sie selbst meist nicht in der Lage, zu erkennen, wo ihre Schwierigkeiten eigentlich liegen, und sie maulen unbestimmt vor sich hin. Dann ist Ihr Scharfblick gefragt, und Sie sollten die folgenden Vorschläge bedenken:

So können Sie mit Widerstand umgehen

1. Fühlt ein Kind sich überfordert, ist die Aufgabe möglicherweise zu unübersichtlich. Überlegen Sie, ob eine detailliertere Anleitung hilfreich sein kann.

2. Wird ein Kind ungeduldig, dauert die Aufgabe vielleicht zu lang. Teilen Sie die Arbeit in kleinere Abschnitte auf, und erkennen Sie Teilabschnitte als Erfolge an.

3. Ist ein Kind durch ein anderes Ereignis innerlich sehr beschäftigt, kann es u. U. keine Energien für Familienarbeit aufbringen. Versuchen Sie, die Gründe herauszubekommen, ohne indiskret zu werden. Wenn es spürt, daß Sie sich ihm gegenüber kooperativ verhalten, wird es auch bereit sein, seine Aufgaben in der Familie zu übernehmen. Ist ein Kind emotional sehr unstabil, können Sie natürlich eine Aufgabe verschieben oder abändern – ganz freistellen sollten Sie das Kind nicht. Es braucht eher die Botschaft «Du schaffst das trotzdem!» als die Botschaft «Du bist ein armes Häschen!».

4. Manches Kind möchte durch Widerstand die Durchsetzungskraft der Eltern spüren. Wird einem Kind von den Eltern etwas abverlangt oder verwehrt, erfährt es zwei Dinge gleichzeitig: den momentanen Frust, etwas Blödes zu tun oder auf etwas Schönes verzichten zu sollen, aber auch die Stärke der Eltern, die stehen und nicht fallen. Da es sich mit ihnen identifiziert, hat es selber Anteil an dieser Stärke, und es spürt,

ihm solche Eltern Sicherheit geben können. Langfristig erwächst daraus zufriedene Sicherheit, auch wenn es im Augenblick scheint, als wolle das Kind die Eltern am liebsten nicht mehr sehen.

– Manches Kind fängt an, mit Ihnen die Maßstäbe zu diskutieren, auf welche Weise eine Arbeit erledigt werden muß, und will sie nur machen, wenn man seine Maßstäbe gelten läßt. Jugendliche machen das sehr häufig. Hier brauchen Sie Fingerspitzengefühl, denn es ist wichtig zu erkennen, wann Faulheit und wann Mitdenken im Spiel ist. Wenn Sie das unterscheiden können, werden Sie auch die richtigen Argumente finden.

Taxi, Gärtner, Babysitter

Das Delegieren von Arbeit nach außen

Daß Familienarbeit ausschließlich von den Familienmitgliedern selbst verrichtet wird, halten wir zwar für normal – aber es ist durchaus nicht schon immer so gewesen. Bäuerliche Haushalte umfaßten Knechte, Mägde und unverheiratete Verwandte, manche städtische Haushalte hatten Dienstmädchen und anderes Hauspersonal, und selbst Arbeiterfamilien nahmen und nehmen z. B. werkseigene Kantinen in Anspruch.

Daß Familienarbeit zunehmend nur noch Privatsache ist, ist eigentlich ein Denkfehler. Genaugenommen «kaufen» auch wir Fremdleistung ein, nur eben nicht mehr in Gestalt einer Waschfrau, sondern in Form einer Waschmaschine. Ob das eine Entwicklung ist, die man bejubeln oder beklagen soll, sei dahingestellt – auf jeden Fall ist es eine Illusion, zu glauben, Familie könne hundertprozentig autark funktionieren.

Wenn Sie also insgeheim die Sehnsucht nach einer Näherin, einer Putzfrau und einem Gärtner hegen, ist das keineswegs ein Zeichen von Unfähigkeit. Generationen vor Ihnen fanden nichts dabei, solche Arbeiten an **118** Fremde zu delegieren. Die gute Hausfrau machte nicht unbedingt alles selber, sondern wußte, wie es gemacht wurde, und gab Arbeiten an solche ab, die ihren Vorstellungen gerecht werden konnten. Die Einstellung «Ich kann doch nicht andere meinen Dreck wegmachen lassen!» hat sich erst zu Zeiten entwickelt, als sich der Begriff der «Ausbeutung» verbreitete und als moralisch verwerflich abgestempelt wurde. Im Sozialismus lief das darauf hinaus, daß Familienversorgung kollektiviert wurde durch Kinderkrippen, Kantinen und riesige Wohnanlagen mit kleinen Wohnungen – ausgelagerte Familienarbeit. In den kapitalistischen Ländern boomte dagegen die Technisierung der Haushalte. Die Familienarbeit blieb im Haus, wurde aber entpersonalisiert und damit von der «unmoralischen» Ausbeutung anderer Menschen befreit. Wer Lust hat, mag darüber nachdenken, ob nun vielleicht die Ausbeutung in die Waschmaschinenfabrik verlagert ist ...

Nicht nur die Hausarbeit, auch Kinderversorgung, -betreuung und -erziehung wurden an Großmütter, Tanten, Ammen, Kindermädchen, Gouvernanten und Hauslehrer abgegeben, später auch an Schulen, die aber noch lange von den Eltern bezahlt werden mußten.

Diese Möglichkeit des Delegierens von Familienarbeit ist uns also weitgehend genommen, und auch die heutige Auffassung von Privatheit in der Familie würde es vielen von uns schwermachen, sich mit der ständigen Anwesenheit einer «fremden» Person im Hause abzufinden.

Dennoch haben auch wir Möglichkeiten, die Arbeitsbelastung über «gekaufte» Arbeit zu reduzieren. Wenn Sie solche Dienstleistungen bezahlen können, tun Sie sich selber und deren Anbietern einen Gefallen.

Hier eine kurze Aufzählung von Diensten, die angeboten werden – sie ist sicher nicht vollständig!

- Windelwaschdienste
- Babysitter
- Tagesmütter
- Putzfrauen
- Wäschereien
- Änderungsschneider
- Fensterputzer
- Fegedienste für Bürgersteige
- Grundstückspflege (Rasenmähen, Bäumeschneiden etc.)
- Hausmeisterservice (kleine Reparaturen)
- Hausaufgabenhilfe
- Taxis und Kurierdienste
- Partyservice
- Organisation von Kindergeburtstagen durch Museen, Tierparks, Privatanbieter
- Lieferservice von Tiefkühlkost
- Essen auf Rädern für ältere Menschen

Wie auch immer Sie damit umgehen – halten Sie die Augen offen für Möglichkeiten, Arbeit auch an Fremde abzugeben. Machen Sie sich von dem Gedanken frei, daß es eine Schande sei, nicht alles selbst zu schaffen. Die Menschen, die wirklich ohne Hilfe ein perfektes Familienleben in einem perfekt gepflegten Haus hinlegen, sind entweder Genies – oder Phantome!

Wer macht wann was wie?
Vom Planen und Projektieren

Nach all den Überlegungen, wie wir uns durch Raum und Zeit hindurcharbeiten, kommen wir nun zu dem Projekt Zukunft: dem Planen. Gute Planung gilt als eine Kunst, und wer sie beherrscht, kann mit dem Gefühl durchs Leben gehen, die Dinge in der Hand zu haben.

Im «Unternehmen Familie» wechseln aber ständig die Bedingungen, und so geraten auch die perfektesten Planungen durcheinander. Sie wollen neue Vorhänge kaufen, da kommt ein Anruf aus dem Kindergarten, Ihrem Kind sei schlecht. Sie wollen Ihr Gemüsebeet umgraben, da hat das Fahrrad Ihres Ältesten einen Platten und muß repariert werden, Sie stehen endlich vor dem Bügelbrett, da ist Ihre Jüngste draußen in eine Matschpfütze gefallen …

Kennen Sie dieses Lied vom «bucklig Männlein»?

Will ich in mein Gärtlein gehn, will mein Zwiebeln gießen,
steht ein bucklig Männlein da, fängt gleich an zu niesen.
Will ich in mein Küchlein gehn, will mein Süpplein kochen,
steht ein bucklig Männlein da, hat mein Töpflein brochen.
Will ich in mein Stüblein gehn, will mein Müslein essen,
steht ein bucklig Männlein da, hat's schon selber gessen (…)

Dieses Kinderlied bringt in wenigen Strophen die menschliche Erfahrung auf den Punkt, daß dort, wo sich Menschen in ihrer Unvollkommenheit begegnen, man nie damit rechnen kann, wirklich tun zu können, was man sich vorgenommen hat.

Dennoch, Planen ist nicht überflüssig. Planung schafft Struktur und

Überblick. Aber wenn Ihre Planung nicht aufgeht, denken Sie lieber an dieses Liedchen, anstatt sich zu ärgern. Sie sind nicht die ersten und nicht die einzigen, die damit fertig werden müssen.

Das Wichtige und das Dringende

Schwerpunkte setzen

In jedem Buch über betriebliches Zeitmanagement wird Ihnen ein Begriff immer wieder ins Auge springen: *Prioritäten setzen.*

Denn es ist schließlich das oberste Ziel jedes Zeitmanagements, Zeit nicht zu verschwenden. Also geht es darum, bei anstehenden Arbeiten den «Wert» festzustellen und zu entscheiden, wieviel der kostbaren Zeit darauf verwendet werden darf.

«Wertvolles», also Wichtiges, wird sofort und höchstselbst erledigt. Weniger Wichtiges kommt später dran und wird am besten noch an andere delegiert. Noch weniger Wichtiges wird entweder gar nicht gemacht, oder es werden so lange Unwichtigkeiten gesammelt, bis man mal einen Nachmittag dranhängt und lauter Kleinigkeiten abarbeitet.

Dieses Prinzip ist gar nicht dumm. Auch wenn man dem betrieblichen Zeitmanagement aus verschiedenen Gründen skeptisch gegenübersteht kann (s. a. S. 41), kann ein solches Vorgehen dabei helfen, sich nicht täglich in Kleinigkeiten zu verzetteln.

Besonders die *Pufferzeiten,* die jedes gute Zeitmanagement zwischen den einzelnen Tätigkeiten einplant, sollten Sie in der Familie sehr großzügig veranschlagen. Dann geraten Sie bei plötzlich verlorenen Teddys und wilder Verzweiflung wegen unverstandener Hausaufgaben nicht sofort in Bedrängnis.

Ansonsten ist im Familienalltag die Kategorisierung von Aktivitäten in «Wichtig» und «Unwichtig» gar nicht so einfach. So mag es für Ihre Beziehung wirklich *wichtig* sein, am Montagabend miteinander essen zu gehen, aber wenn Ihr Kind plötzlich Fieber bekommt, ist es *dringender,* zu Hause zu bleiben.

Der Unterschied: Das *Wichtige* setzen *Sie*, das *Dringende drängt sich auf.* Das Wichtige kommt von *innen*, das Dringende kommt von *außen*. Und meist ist die Kraft des Dringenden größer als die des Wichtigen. So können sich Ihre Pläne von Tag zu Tag und über Wochen und Monate hin von Bergen von Wäsche, Geschwisterzwist oder drohenden Vokabelarbeiten zur Seite drängen lassen.

Wie läßt sich diese Wucht des Dringenden abfedern? Einmal durch eine gute Organisation der Routinearbeiten, die ja auch unter die Rubrik «dringend» gehören. Wer nicht einkauft, abwäscht und die Waschmaschine füllt, kann auch die wichtigen Ziele seines Lebens nicht erreichen. Wie Sie diese Routine so weit strukturieren können, daß Sie den Überblick behalten, finden Sie im folgenden Kapitel.

Vor allem halten Sie sich vor Augen: *Das Bewältigen all der scheinbar winzigen Dringlichkeiten ist ja Ihr «wichtiges Projekt»!* Sie wollen gute Bedingungen schaffen, unter denen Ihre Kinder an Leib und Seele gesund aufwachsen und auch Sie den Reichtum des Lebens genießen können. Und das geht eben nur, wenn das Geschirr sauber und der Fußboden frei von Bauklötzen ist. Die langweilige Routine des Putzens und Aufräumens ist nichts anderes, als wenn ein Bauer sein Feld bestellt: Voraussetzung für Wachstum. **123**

Erhalten, Verwalten, Gestalten

Vom richtigen Planen

Im allgemeinen betrachtet man einen Haushalt als ein Arbeitsfeld, das «schon irgendwie» zu managen ist. Wir kennen es nicht anders von unseren Müttern und Nachbarinnen. So weit wir sehen, beschränkt sich deren Planung auf Einkaufszettel und vielleicht noch eine kleine Erledigungsliste, den Rest machen sie scheinbar «einfach so». Darum kommt es Ihnen vielleicht etwas seltsam vor, wenn ich Ihnen im folgenden regelrechte Haushaltsplaner vorstelle. Vielleicht graust Ihnen sogar bei der Vorstellung, Ihrem Alltag zu Hause auch noch einen Plan aufzudrücken, wenn Sie sich vom beruflichen Terminkalender schon genug eingeengt fühlen.

Aber Sie sollten dabei bedenken: Die meisten von uns können nicht mehr wie unsere Mütter täglich beim Kaufmann um die Ecke einkaufen. Wir haben viel mehr Gegenstände zu verwalten und brauchen obendrein noch viel Energie, um uns im Konsumdschungel zu orientieren. Und wir müssen bei alledem die Familie einbeziehen, weil viele von uns als Mütter selber berufstätig sind und den Haushalt zum einen gar nicht allein schaffen, und er uns auch als Grundlage unserer Identität zu wenig ist.

Wir haben die Organisation eines Familienhaushaltes ja auch nicht gelernt. Die Fächer Handarbeit, Kochen und Familienhauswesen verschwinden aus den Stundenplänen der Schulen. Dazu kommt, daß unsere Mütter uns vielfach mit Hausarbeit verschont haben, weil sie schon spürten, daß ihre Rolle nicht mehr unhinterfragt tradiert werden kann. «Mach du deine Schule!» – ich denke, viele junge Frauen kennen diesen Satz. So gut und richtig er gemeint war, bedeutet er aber leider doch, daß viele von der Komplexität eines Familienhaushalts überrollt werden, sobald ein Kind das Haus zum wirklichen Arbeitsplatz macht. Immerhin gibt es für diesen Arbeitsplatz anerkannte Ausbildungen: die Hauswirtschafterin und die Erzieherin. Üben wir die Tätigkeit außer Haus aus, wird diese Qualifikation gefordert, tun wir's für uns, erwarten wir von uns selber, sie «mit links» zu erledigen.

Schrauben wir diese Erwartungen doch etwas herunter und betrachten zunächst einmal die Eigenarten der Familienarbeit.

Da gibt es die «unsichtbaren» Arbeiten: Aufräumen, Waschen, Putzen. Dabei erntet man allenfalls Kritik, wenn sie nicht gemacht wurden; hat man sie erledigt, geht die Familie kommentarlos zur Tagesordnung über. Ein perfekt geputztes Fenster läßt sich ja auch leicht übersehen. Solche Arbeiten *erhalten* unser Lebensumfeld, sie sind notwendig, aber verschaffen nur begrenzt Befriedigung.

Dann gibt es das Koordinieren der Tätigkeiten: Wer macht wann was? Was muß eingekauft werden, wer muß angerufen werden, welche Rechnungen müssen bezahlt werden? Mit solchen Tätigkeiten *verwalten* wir unseren Alltag.

Und dann kommen die Bonbons: das Familienfest, die neue Wohnzimmereinrichtung, der Familienausflug, ein Bastelabend mit den Kindern. Durch diese Aktivitäten, die Neues schaffen oder spielerisch Freude vermitteln, *gestalten* wir das Familienleben nach unseren Vorstellungen. *Erhalten – Gestalten – Verwalten*: Für jeden dieser Bereiche habe ich Helfer ausprobiert, die ich Ihnen hier kurz vorstellen will. (Eine ausführlichere Anleitung zur Herstellung und zum Gebrauch finden Sie im Anhang.)

Erprobte Helfer

Im Bereich «*Erhalten*» funktionieren sie nach dem Prinzip, immer wiederkehrende Arbeiten aufzulisten, zu überlegen, wie oft sie gemacht werden sollen, und sie dann in einen Vier-Wochen-Plan zu verteilen. Man braucht so nicht täglich zu entscheiden, was man tut und was man läßt, der Kopf bleibt frei für erfreulichere Gedanken. Unsere Großmütter haben es mit ihren Waschtagen, dem Fisch am Freitag und dem Hausputz am Samstag auch nicht anders gemacht. Vorabentscheidungen gewährleisten ein Funktionieren des Haushalts auch ohne tägliches Grübeln.

Die einfachste Version sind *Wochenübersichten*, die Sie aus Schulstundenplänen herstellen können. Umfangreicher ist der *Monatsmanager*. Er besteht aus einem aufklappbaren Fotoalbum, in das beschriftete Karten eingeschoben werden, pro Tag eine. Darauf sind die anfallenden Arbeiten vermerkt. Noch etwas differenzierter ist der *Karteikasten*, der den Vorteil hat, daß sich mit ihm die Arbeiten sehr flexibel auf die Familienmitglieder verteilen lassen. Diese «rotierenden Kalender» müssen Sie einmal gut durchdenken, dann können Sie sich monatelang nach diesen Vorgaben richten.

Für den Bereich *Verwalten* finden Sie im Anhang ebenfalls verschiedene Vorschläge, wie Sie Einkäufe, Tagespläne und Terminpläne mit möglichst geringem Aufwand organisieren können.

Beim *Gestalten* können Sie natürlich Ihren Ideen freien Lauf lassen. Allerdings ist es bei größeren Vorhaben auch manchmal nützlich, sich einen umfassenden Überblick zu verschaffen. Schon ein Kindergeburtstag kann mit allem, woran man denken muß, so komplex werden, daß man doch ins Schwitzen kommt. Dafür biete ich Ihnen die Idee des «Mind-Mapping» an. Auch dafür finden Sie eine Anleitung und ein Beispiel im Anhang.

Schule, Fußball, Flötenstunde

Planen mit Kindern

Nun haben hierzulande nicht nur die Erwachsenen ihre «Programme», die sie erledigen müssen. Auch bei den Kindern fängt es früh an mit Terminkalender und Armbanduhr. Bekam ich meine erste Uhr zu meinem zwölften Geburtstag geschenkt, so steckt diese heute oft genug schon in der Schultüte. Daß Schulanfänger schon mehr damit anfangen können als ein bißchen anzugeben, möchte ich bezweifeln.

Es ist schwierig, mit Kindern Alltag vorausschauend zu planen. Einerseits haben sie zwar sehr viel Lust, alle möglichen Dinge mitzumachen: Fußball, Flöten, Töpferkurs, Judo, Pfadfinder – all das, womit die Tage der Kinder neben der Schule so vollgestopft sind. Pädagogen beklagen diese Überlastung und schieben sie auf die «Förderungswut» der Eltern. Aber ich denke, das ist nur die Hälfte der Wahrheit. Es gibt nämlich auch die Kinder, die einfach Lust haben, viele verschiedene Dinge zu tun. Eine unserer Töchter hat aus eigenem Antrieb und mit großer Lust Chor, Flöten, Pfadfinder, Paddeln, Ballett und Cellounterricht gemacht – neben der

126 Schule. Inzwischen ist das Programm ein wenig abgespeckt und verändert.

Aber es war alles ihr eigener Wunsch, sie machte es gern, und sie hätte sich in aller Ahnungslosigkeit auch noch Theaterspielen, Handball und Reiten dazugepackt.

Wie kommt das? Ganz einfach: *Kinder können nicht koordinieren* (s. a. S. 19). Es dauert sehr lange, bis sie die wichtigsten Fähigkeiten für das Planen beherrschen:

- zu wissen, wie lange eine bestimmte Tätigkeit dauert,
- sich parallel ablaufende Vorgänge als zeitgleich vorzustellen,
- sich während einer Aktivität bereits die darauf folgende bewußt zu machen,
- den gesellschaftlich vereinbarten Wochenrhythmus als Dispositionsgrundlage verinnerlicht zu haben.

Tatsächlich hätte unsere Tochter ja noch zusätzlich Theaterspielen, Reiten und Handball machen können, bestünde unsere Woche nicht aus sieben, sondern aus zehn Tagen. Diese Grundvoraussetzung unserer Planungen ist Kindern noch ganz und gar nicht selbstverständlich, sie sehen nur die Möglichkeiten und ihre Lust, sie zu nutzen.

Aus diesem Grunde können sich auch Kinder, deren Terminkalender von den *Eltern* bis an den Rand vollgepackt wird, nicht explizit gegen eine solche Überforderung wehren. Ihnen fehlt die Wahrnehmung, daß die einzelnen Aktivitäten zu dicht hintereinander folgen. Weil ihnen Zeit als ein Rahmen für Tätigkeiten gar nicht bewußt ist, spüren sie zwar den Druck des zu engen Rahmens, können ihn aber nicht als den Auslöser der Druckstellen ausmachen. So hört man immer wieder, daß Kinder zwar nervöse Symptome entwickeln, aber nicht von selbst sagen können «Mir wird alles zuviel». Dann müssen Ärzte und Pädagogen her, um den Eltern den Zahn zu ziehen, daß viele Termine gleichzusetzen sind mit optimaler Förderung.

Es gibt häufig Versuche, Kindern frühzeitig einen selbständigen Umgang mit Zeitplanung beizubringen. Da liest man Ratschläge in Elternzeitschriften, man solle mit Kindern einen Zeitpunkt ausmachen, bis wann das Zimmer aufgeräumt sein soll, und sich dann nicht mehr darum kümmern. Oder in Schulen werden schon in der dritten Klasse Wochenarbeiten aufgegeben: Am Montag erfahren die Kinder, welche Aufgaben sie bis Freitag erledigt haben müssen. Solche Bemühungen sind sehr ehrenwert

und als Lernprogramme vielleicht auch geeignet – aber Sie werden mit langen Übungsphasen rechnen müssen. Denn die Fähigkeit, längere Zeiträume planend zu überblicken, entfaltet sich erst im Laufe der Pubertät, dann nämlich, wenn die Jugendlichen eine weiterreichende Weltsicht entwickeln.

Nun gibt es Ansätze von Grundschulpädagogik, in denen selbsterstellte Wochenpläne von großer Bedeutung sind, das scheint meiner Einschätzung zu widersprechen. Aber ich denke, es ist ein Unterschied, ob ich mir sage: «Das will ich in dieser Woche tun, und ich fange jetzt damit an», oder ob ich sage «Diese Kleinigkeit soll ich bis Ende der Woche gemacht haben». Da die «Kleinigkeit» zuwenig ist, die Woche tatsächlich zu füllen, muß ich sie «einpassen», und das setzt Zeitbewußtsein voraus. Natürlich kann man Kinder dann dazu bringen, beispielsweise jeden Tag eine Aufgabe der Wochenarbeit zu erledigen, sie werden es vielleicht auch tun. Aber sie tun es wahrscheinlich, weil es die Lehrerin gesagt hat, und nicht, weil sie es sinnvoll finden.

So planen Sie mit Kindern

1. Planen Sie mit Kindern nicht zu lang voraus. Wenn es für Ihre Familie notwendig ist, auf längere Sicht z. B. die Wochenenden zu planen, versuchen Sie nicht zu früh, das im Einverständnis mit Ihren Kindern zu tun. Ihre Kinder haben mehr davon, notfalls vor vollendete Tatsachen gestellt zu werden, anstatt über völlig unvorstellbare Zeiträume nachzudenken.

2. Wenn Sie mit Kindern etwas geplant haben, erwarten Sie nicht, daß sie selbständig diese Planung umsetzen. Bauen Sie sinnliche Erinnerungshilfen ein. Die einfachste ist die persönliche Erinnerung, ohne Ungeduld und ohne Vorwurf vorgebracht. Einfach zu handhaben ist auch der schlichte Kurzzeitwecker, den man in Hörweite der Kinder stellt, wenn es um eine Sache geht, die nicht länger als eine Stunde dauert. Ein normaler Wecker tut seinen Dienst für längere Zeiträume.

   Haben Sie ein Kirchengeläut in der Nähe oder eine Uhr mit Schlag, können Sie das Läuten oder Uhrenschlagen bewußt als Zeitmarkierung nutzen. Der Schlag kommt von selbst ans Ohr – man muß nicht aus eigenem Antrieb auf die Uhr schauen, um zu sehen, wie spät es ist.

4. Setzen Sie auch bei Kindern Zettel als Erinnerungshilfen ein. Legen Sie sie an eine Stelle, wo sie das Kind bestimmt sieht. Wenn Sie selber ebenfalls schriftliche Erinnerungshilfen benutzen und Ihr Kind nicht ständig unerwartet solche Zettel vorfindet, wird es sie akzeptieren.

5. Setzen Sie bei der Wochenplanung Grenzen der zeitlichen Belastung. Beobachten Sie Ihr Kind, wie viele zusätzliche Termine es gut verträgt, und bemessen Sie danach den Rahmen dessen, was Sie ihm zumuten und zugestehen.

6. Wenn Ihr Kind an einer Planung nicht festhalten will, sparen Sie sich den Vorwurf «Du hast es schließlich selbst gewollt!». Kinder können die eigenen Wünsche noch nicht über einen längeren Zeitraum einschätzen, geschweige denn aufrechterhalten. Wenn Sie wollen, daß das Kind entgegen seiner momentanen Lust weiter zum Klavierunterricht geht, kann es sehr sinnvoll sein, das durchzusetzen. Aber sagen

Sie dazu, daß Sie es selber für sinnvoll halten – nicht, daß das Kind vor einem Jahr doch selbst Klavier lernen wollte!

7. Versuchen Sie, in Tagespläne nur wenige Fixpunkte aufzunehmen. Grundschulkinder brauchen Zeit zum «Sein», in lückenlos ausgefüllten Tagen ersticken sie auf die Dauer. Haben Sie keine Angst vor Leerlauf beim Kind. Natürlich macht der Anblick von Kindern, die scheinbar nichts mit sich anzufangen wissen, Erwachsene leicht nervös – mich auch. Aber vertrauen Sie darauf, daß auch in dahinträödelnden Kindern Ideen reifen, sie werden Sie dann schon damit überraschen!

Parties, Penne und Klausuren

Planen mit Jugendlichen

Daß Jugendliche viele Termine haben, ist mittlerweile selbstverständlich. Die Schule setzt Stundenpläne, Klassenarbeiten werden Wochen vorher angesagt, die Teilnahme an Sportverein, Musikunterricht und Jugendgruppen ist längst etabliert, dazu kommen Parties und die ersten selbständigen Reisen.

Da gilt es, einiges zu koordinieren und zu planen. Und es gibt auch durchaus den organisierten Jugendlichen, der in realistischer Selbsteinschätzung und mit klarem Überblick seine Sachen so regelt, daß die Abstimmung mit der Familie reibungslos läuft. Aber wenn Sie diesen Jugendlichen bei sich nicht finden, trösten Sie sich, bei uns gibt es ihn auch nicht.

Eher läuft die Sache so: Des Abends um halb neun Uhr fällt dem Sprößling ein, daß am folgenden Tag die Mathearbeit fällig ist, er hatte sie vergessen, weil es ihm vor Ewigkeiten, so ungefähr vor einer Woche, mitgeteilt wurde. Ach ja, und morgen abend feiert übrigens Mike seinen Geburtstag, es ist bloß keine Zeit mehr, ein Geschenk zu besorgen, könntet ihr vielleicht …? Und wann er mit Chris paddeln gehen will? Wie soll er das denn wissen, Pfingsten ist doch erst in zwei Wochen!

Jugendliche sind nicht mehr so dem Augenblick verfangen wie Kinder vor der Pubertät. Das aufkeimende Bewußtsein ihrer eigenen Person eröffnet auch den Blick in die Vergangenheit und die Zukunft und macht darum auch längerfristige Planung möglich. Es ist oftmals erstaunlich, was für komplexe Projekte ganze Gruppen von Jugendlichen zustande bringen – Schulzeitungen, Gruppenfahrten oder große Scherzaktionen anläßlich des Schulabschlusses.

Als Erwachsener möchte man nicht immer in den Planungsgruppen sitzen, ganz abgesehen davon, daß man auch höchst unerwünscht wäre. Solche Planungen laufen in spontanem, oft chaotisch erscheinendem Hin und Her nicht immer passender Beiträge ab, aber da Jugendliche gute Nerven haben, wächst auch auf diesem Boden so allerlei heran.

Bei solchen Projekten kann man sie ja auch unter sich lassen. Aber in der Familie muß dieser Planungsstil mit dem bedächtigeren und langfristigeren der Eltern koordiniert werden – und das geht nicht immer ohne Konflikte ab. Nur zu leicht fühlen sich Jugendliche in ihrer Selbständigkeit beeinträchtigt, wenn Eltern von ihnen erwarten, sich längerfristig auf Termine festzulegen oder verabredete Zeiten einzuhalten. Werden sie an zu erledigende Dinge erinnert, können sie fuchsteufelswild werden, auch wenn sie sie ohne die Erinnerung tatsächlich vergessen hätten.

Alles wird in Frage gestellt

Ich denke, hier ist folgende Entwicklung im Gang: Kinder bis zur Pubertät nehmen vieles, wenn nicht alles, in ihrer Lebenswelt unhinterfragt hin. Sie mögen zwar unter allen möglichen von ihnen als Einschränkungen empfundenen Dingen leiden, aber die analytische Fähigkeit, die Ursache des Leidens festzumachen, ist höchstens in Ansätzen vorhanden. Wer keine Lust auf die Hausaufgaben hat, sagt nur «Ich habe keinen Bock!». Und was sagt der Jugendliche? «Wozu brauche ich das eigentlich!» Denn mit der einsetzenden Selbstreflexion stellt sich in fast allen Lebensbereichen die Frage des «Warum» – und damit stürzen alle rituellen Selbstverständlichkeiten in sich zusammen.

Natürlich haben die Selbstverständlichkeiten nach wie vor stabilisierende Funktion. Man kann eine regelmäßige gemeinsame Mahlzeit nur

dann in Frage stellen, wenn sie stattfindet, man kann nur dann das Gefühl der Freiheit genießen, wenn alle anderen früh aufstehen, man selbst aber bis Mittag sich im Bette räkelt.

Für Jugendliche sind feste Vereinbarungen zunächst nichts anderes als die dummen Riten der Kindheit, die jetzt auf Tauglichkeit geprüft werden. So kommt, sozusagen kontraproduktiv, zu der an sich wachsenden Fähigkeit zu planen der ebenfalls wachsende Unwille, sich scheinbar undiskutierten Selbstverständlichkeiten zu fügen – womit die mögliche Erleichterung im Familienleben wieder aufgehoben ist.

Es gibt noch einen weiteren Punkt, der häufig zu Reibereien mit Jugendlichen führt: Die Eltern fühlen sich gekränkt, wenn dem «Kind» sein Zuhause zunehmend unwichtig wird. Termine mit Freunden fegen gnadenlos jede familiäre Abmachung beiseite, es wird fröhlich geplant, ohne daß auch nur ein Tüpfelchen Zeit für die Familie übrigbleibt. Dem muß man gegensteuern – und es verstehen. Für die Jugendlichen ist die Familie der Startblock ins Leben, für die Eltern bereits das erreichte Ziel. Während unsereins leicht wehmutsvoll bedenkt, daß die Zeit nun bald vorbei ist, in der wir das Leben mit diesem Kind teilen können, hat es selbst nichts anderes im Sinn, als zu überlegen, wie es ohne uns leben wird. In dieser Phase kann es leicht passieren, daß Eltern die Kinder resignierend laufen lassen und diese ihrerseits das Elternhaus zunehmend als Hotel betrachten. Letztlich zahlen beide dabei drauf: die Eltern, weil sie sich ausgenutzt und gekränkt fühlen, und die Kinder, weil sie auch in den Wirren des Jugendalters die einfühlsame Begleitung der Eltern noch gut brauchen könnten – auch wenn sie so tun, als würden sie ganz cool alles selber regeln.

Es kostet Kraft, Jugendlichen standzuhalten. Aber auch, wenn im Augenblick Auseinandersetzungen unerfreulich sind – sie sind die Basis für die partnerschaftliche Nähe zwischen erwachsenen Kindern und ihren Eltern.

So planen Sie mit Jugendlichen

1. Beziehen Sie Ihre Kinder etwa ab dem Alter von 12 Jahren in die Führung des Familienterminkalenders ein. Wer einen Termin hat, trägt ihn in den Kalender ein. Damit wird den Kindern immer wieder bewußt, daß ihre eigenen Vorhaben mit denen der anderen abgestimmt werden müssen.

2. Besprechen Sie einmal täglich, was für sie an diesem Tag ansteht, und beobachten Sie, wie weit sie imstande sind, diese Planungen in den Tag einzupassen. Stellen Sie fest, daß auch dieses «große» Kind noch nicht den Überblick hat, ob und wie alle seine Pläne in den Tag passen, müssen Sie trotz aller eingeklagter Selbständigkeit zeitliche Fixpunkte ausmachen. Sonst kann es Ihnen passieren, daß ein Teenie über einem Comic hängt und völlig beleidigt reagiert, wenn Sie dezent darauf hinweisen, daß er seit zwei Stunden den Tisch hätte abräumen sollen.

3. Führen Sie eine Wochenbesprechung ein. Es gibt zwar im Idealfall den Terminkalender, aber Sie können auch bei Jugendlichen nicht erwarten, daß sie von sich aus nachschauen, welche Pläne die Familie am Wochenende hat.

4. Dasselbe gilt für Jahresplanungen. Hier müssen Sie selber entscheiden, wie lange im voraus Sie selber wissen wollen, welche Ferienpläne Ihre größeren Kinder haben.

5. Wenn Sie Arbeiten mit Jugendlichen planen, achten Sie darauf, daß sie präzise, detailliert und einsichtig sind. Allgemeine Anweisungen («Garage aufräumen») sollten auch für Jugendliche noch in Einzelhandlungen aufgeschlüsselt werden («Altpapier wegbringen, Werkzeug zusammenräumen, fegen»).

6. Termine, die Schule und Ausbildung angehen, sollten Sie den Jugendlichen selber überlassen. Das heißt nicht, daß Sie an der Ausbildung Ihrer Kinder keinen Anteil nehmen sollten. Verantwortung zu überlassen ist nicht gleichzusetzen mit Desinteresse. Ihr Kind soll sich nicht allein gelassen fühlen, sondern es soll spüren, daß Sie ihm zutrauen, seine Angelegenheiten selbst zu regeln. Wenn Sie merken, daß es ins Schleudern kommt, sollten Sie Hilfe anbieten – die Kontrolle, die häufig im Grundschulalter noch notwendig ist, sollten Sie aber nicht mehr ausüben.

Die Seele baumeln lassen

Freie Zeiten planen

Ist das nicht widersinnig? Endlich frei – und schon wieder planen?

Leben mit Kindern heißt bei uns in aller Regel Zuständigkeit rund um die Uhr. Wenn wir darauf warten, daß uns der Tag eine Pause beschert, dann warten wir meist vergebens.

Aber wir brauchen sie auch, die «freie Zeit» – nicht nur die «Freizeit». Wir haben schon viel zu sehr die Vorstellung entwickelt, daß unsere Freizeit, also die nicht von Berufsarbeit belegte Zeit, auch wieder von allerlei Unternehmungen und Verpflichtungen ausgefüllt ist. Und wenn wir dann mit der Familie in Urlaub fahren, genießen wir zwar das Zusammensein mit den Kindern – aber eben diese rücken uns im Urlaub eher noch dichter auf den Pelz, weil ihnen die gewohnte Umgebung fehlt.

Die «Seele baumeln lassen», das braucht jeder ab und zu. Und wenn wir uns diese Aus-Zeit nicht bewußt nehmen, dann nimmt sie sich unser Körper, und zwar auf unkontrollierte und darum wirkungslose Art. Wie viele Abende vor dem Fernseher, wie viele über Illustrierten hingebrütete Stunden, wieviel in Bier und Wein ertränkte Unruhe, wie viele hastig genossene Zigarettenpausen würden Sie zu Gesicht bekommen, wenn Sie nur in Ihrem Wohnviertel einmal heimlicher Beobachter spielen könnten?

Mir kommt es manchmal vor, als sei in meinem Kopf eine Metallfeder, die durch die Anforderungen des Tages ständig Spannung aufnimmt. Gebe ich dieser Feder nicht regelmäßig Gelegenheit, sich wieder zu entspannen, kommt irgendwann der Punkt, an dem sie keine mehr aufnehmen kann. Wenn ich dafür sorge, daß sich dieser Überspannungszustand regelmäßig abbauen kann, komme ich glatt durch meine Tage. Versäume ich es, bin ich abends zu nichts mehr zu gebrauchen.

Schauen Sie sich noch einmal den Tagesrhythmus-Kreis auf Seite 148 an! Wenn Sie an den Punkten, an denen sich die Reichweite Ihrer Aufmerksamkeit ganz weit zum Inneren des Kreises zurückzieht, eine kleine Pause einlegen, in denen Sie Ihren Kopf einfach laufen lassen, wohin er will, dann spult sich die Metallfeder zurück, die Spannung entlädt sich.

Wie Sie als Eltern zu Entspannungspausen kommen können

1. Stehen Sie eine halbe Stunde früher auf als unbedingt nötig, und gönnen Sie sich morgens eine Zeit ganz für sich allein. Duschen Sie gemütlich, oder trinken Sie Tee oder Kaffee, schauen Sie in die Zeitung, oder Sie machen ein paar Gymnastikübungen, beginnen den Tag mit einer Meditation, wenn Sie das mögen, oder gehen Sie frische Brötchen holen (wenn möglich, nicht fahren!). Das hilft zwar nicht, Anspannungen abzubauen, die sich im Lauf des Tages angesammelt haben, aber es sind Möglichkeiten, die Türen des Bewußtseins in Ruhe und vollständig zu öffnen, anstatt sie von den Ereignissen des Tages einrennen zu lassen.

2. Sind Sie berufstätig, finden Sie vielleicht die Möglichkeit, auf dem Weg nach Hause irgendwo zu halten und zehn Minuten spazierenzugehen, in einem Park, auf einem Friedhof, einer Kleingartenanlage, in Wald

oder Feld. Atmen Sie tief durch, und lassen Sie Ihre Gedanken schweifen. Denken Sie nicht daran, was Sie zu Hause jetzt alles erwartet, sondern nehmen Sie auf, was um Sie herum weht, rauscht und zwitschert. Dann haben Sie den «Arbeitsspeicher» für den Alltag zu Hause von den Restspeicherungen des Arbeitsplatzes freigemacht.

3. Üben Sie den «Power-Schlaf». Wenn Sie, meist in der Mittagszeit, spüren, daß Sie Ihr Leistungstief erreicht haben, versuchen Sie nicht, sich durch Kaffee, Tee und Selbstkasteiung über dieses Tief hinwegzupeitschen, sondern gönnen Sie sich ein Nickerchen. Das muß kein ausgiebiger Mittagsschlaf sein, aus dem so mancher schwerfälliger wieder aufwacht, als er sich hingelegt hat. Das Wegnicken für eine Viertelstunde beschert sicher nicht alle erstrebenswerten Tiefschlafphasen, aber es entwirrt schon den Kopf, wenn man ihn nur einmal treiben läßt und dabei kurz aus der bewußten Wahrnehmung wegtritt.

4. Duschen oder baden Sie irgendwann am Tag, wenn Sie das Gefühl haben, alte Knoten ziehen sich zu. Zum Beispiel wäre es doch denkbar, daß Sie Ihrem Partner, wenn er von der Arbeit nach Hause kommt, zunächst eine Viertelstunde Umschaltzeit zugestehen, damit er sich auf die Familie umpolen kann – und dann verschwinden Sie unter der Dusche!

5. Gestehen Sie sich zu, auch in Zeiten, zu denen Sie einen Babysitter bezahlen oder zu denen jemand anders sich die Mühe macht, sich um Ihre Kinder zu kümmern, einmal nichts zu tun – nicht einmal das, was Sie schon immer machen wollten. Das ist keine Zeit- und Geldverschwendung, sondern «Wartung» Ihres Ichs!

Hierher gehören auch ein paar Worte zum Urlaub.

Urlaub – ist das nicht der Inbegriff von «Zeit für sich selbst»? Und Zeit für die Menschen, die wir gern haben? Viele Familien genießen es, in diesen wenigen Wochen des Jahres vieles gemeinsam zu erleben. Dann muß alles stattfinden, was sonst nicht geht: Ausschlafen, Vorlesen, Wandern, Schwimmen, Lesen, Trödeln, in der Sonne liegen, Basteln und Bauen, Kultur genießen und und und ...

Mit Kindern ist das gar nicht so einfach. Denn wenn Familienväter und -mütter Urlaub machen, haben sie meist zwei sich zuwiderlaufende Bedürfnisse: Sie wollen endlich mal Zeit für die Kinder haben – und endlich mal ausspannen. Wovon? Auch von den Anforderungen, die die Kinder rund um die Uhr an sie stellen!

Dabei sind Kinder, vor allem, wenn sie noch klein sind, im Urlaub eher noch anspruchsvoller als zu Hause. Die fremde Umgebung läßt sie noch dichter an die Eltern rücken als im Alltag. Zudem interessieren sie sich selten für Landschaften und Kulturdenkmäler. Werden Sie von den Eltern dennoch mitgeschleppt, kann ihr Gequengel jeden Kunstgenuß zunichte machen.

Nichts gegen gemeinsamen Familienurlaub, verstehen Sie mich bitte nicht falsch. Die Vorzüge dieser gemeinsamen Zeit für die Familie sind unbestritten. Aber ich möchte hier doch auch den anderen Gedanken aussprechen: Familien *müssen* nicht gemeinsam Urlaub machen! Wenn Sie dafür sorgen, daß Sie das ganze Jahr über Ihren Alltag bewußt mit Ihren Kindern teilen, kann der Urlaub gerade die Zeit sein, die jeder für sich auf seine Art genießen kann.

Vorschläge für alternative Urlaubsgestaltungen

1. Machen Sie sich unbedingt klar, was Sie wollen und brauchen. Wenn Sie richtig ausspannen wollen, fahren Sie lieber ohne Kinder in Urlaub, das ist keine Schande. Wenn Sie dafür sorgen, daß die Kinder in dieser Zeit gut betreut werden, haben Sie alle mehr davon, als wenn Sie sich im Urlaub auf die Nerven gehen.

2. Urlaub mit Kindern braucht keine exotischen Ziele. Das Ferienhäuschen am nächsten Stausee ist für die Kinder Abenteuer genug.

3. Erkundigen Sie sich bei Reiseveranstaltern nach Angeboten für Familien. Es gibt immer mehr Urlaubsorte, die von der Kinderbetreuung bis zu besonderen Veranstaltungen für Kinder vieles anbieten.

4. Urlaub kann auch zu Hause stattfinden. Engagieren Sie für zwei Wochen ein Kindermädchen, das jeden Tag ein paar Stunden kommt und sich um Ihre Kinder kümmert. Es gibt immer ältere Schülerinnen, die für Ferienjobs dankbar sind. Ihre Kinder haben Ihre gewohnte Umgebung, und wenn Sie es schaffen, in dieser Zeit *nicht* den Keller aufzuräumen, haben auch Sie die Möglichkeit, sich zu entspannen.

5. Bestehen Sie nicht auf dem gemeinsamen Urlaub, wenn Sie merken, daß Ihre Kinder lieber mit Gleichaltrigen Ferien machen. Vorschul- und Grundschulkinder lieben Familienurlaub, ältere Kinder und Jugendliche weniger.

6. Lassen Sie so viel Urlaub wie möglich in den Alltag fließen – so wie auf dem Titelbild kann man auch mal am Wochenende am See oder im Wald sitzen! Lassen Sie es nicht zu, daß das Denken in Kategorien von funktionalisierter Zeit Ihnen die Urlaubszeit vergoldet und den Alltag grau überzieht! (s. a. S. 137).

Morgenkaffee und Abendlied

Von Ritualen im Familienleben

Nun gibt es in jedem Tagesablauf auch Aktivitäten, die nicht immer neu zu planen sind. Das sind die Rituale, die das Gerüst darstellen, in das immer wieder Neues eingebaut werden kann. Manche Menschen brauchen sehr starke Gerüste, damit ihre Sicherheit nicht in sich zusammenfällt, anderen genügt ein Brett und eine wackelige Leiter, um durch ihren Tag zu turnen.

Jede menschliche Gesellschaft benutzt Rituale, um ihr Zusammenleben zu strukturieren und die Zeitabläufe zu koordinieren. Und solche Rituale gibt es sowohl für spirituelle als auch für äußerst profane Anlässe. Alle Religionen, wie auch immer sie die sichtbare und die unsichtbare Welt interpretieren, haben machtvolle einigende Riten entwickelt, die es dem einzelnen möglich machen, sich in das Ganze einzuschwingen. Aber auch solche Banalitäten wie die morgendliche Tasse Kaffee und der Blick in die Zeitung sind Rituale, die einen festen Ort in der fließenden Zeit markieren und so Orientierung bieten.

Durch ihre Festigkeit haben Rituale einen zweischneidigen Charakter. Sie bieten Halt, das ist angenehm, und sie engen ein, das kann unangenehm sein. Wir Erwachsenen haben alle unser ganz persönliches Verhältnis zu Ritualen entwickelt. Vielleicht war unser Elternhaus von sehr strengen zeitlichen Mustern geprägt, deren Verletzung strenge Sanktionen nach sich zog. Dann kann es sein, daß wir jede Regelmäßigkeit verabscheuen und sie schnell durchbrechen, wo immer sie auftritt. Vielleicht ist aber auch gerade durch ein solch starkes Reglement unsere eigene Regulierungskompetenz so unentwickelt geblieben, daß wir nach wie vor ins Schwimmen geraten, wenn wir keine klaren rituellen Eckpfeiler in unseren Tagesablauf eingebaut haben. Das ist individuell so unterschiedlich, daß nur Sie persönlich den Grad der Regelmäßigkeit feststellen können, der für Sie angemessen und angenehm ist.

Aber eine Erfahrung ist verallgemeinerbar: Kinder brauchen Rituale. In dem Unbekannten, das täglich auf sie einströmt, sind sie dankbar für alles, was ihnen Orientierung bietet. Wenn sie sich immer wieder auf einer sicheren Insel ausruhen können, stürzen sie sich auch gerne wieder in die Stru-

del des Unbekannten. Sie lernen ja gerne, sind neugierig und experimentierfreudig. Aber Neues kann auch Angst machen, dann muß man auch mal einen sicheren Hafen ansteuern.

Kinder, denen wenig Rituale geboten werden, sind auch für die Erwachsenen anstrengend. Sie finden ihre Sicherheit nicht in Abläufen, sondern nur bei den Menschen ihres Vertrauens – und an die klammern sie sich, um nicht von den Wogen der Welt weggeschwemmt zu werden. Vierjährige, die mal Müsli und mal Brötchen zum Frühstück bekommen, vielleicht sogar jeden Morgen gefragt werden, was sie wollen, die mal zum Kindergarten gebracht werden und mal nicht, weil sie scheinbar keine Lust haben, die mal warmes Mittagessen bekommen und dann bloß Milch und Brot und einen Apfel, die mal beim Essen sitzen müssen und mal herumlaufen dürfen, die mal um sieben ins Bett müssen und dann bis zehn aufbleiben dürfen – die wissen nicht, woran sie sind. Sie müssen immer ganz dicht bei den Großen bleiben, um ja rechtzeitig mitzubekommen, was denn nun jetzt Sache ist, und um sich notfalls trösten zu lassen, wenn sie sich mal wieder entscheiden müssen und es eigentlich noch nicht können.

Ich habe selber den Sinn von Ritualen für kleine Kinder lange nicht begriffen, ich habe sie sogar im Gegenteil für schädlich gehalten. Um nichts in der Welt wollte ich, daß meine Kinder sich zu starren Charakteren entwickeln, und ich glaubte, Flexibilität von Anfang an sei das richtige Training für bewegliche Weltoffenheit. Das war ein Irrtum. Unser Ältester, der am wenigsten Regelmäßigkeit im Kleinkindalter erfahren hatte, war derjenige, der am hartnäckigsten auf Ritualen bestand, beim Einschlafen, beim Anziehen, beim Essen. Allerdings erfand er diese Rituale dann selber, sie waren nicht in jedem Fall alltagsverträglich. Uns wurde glücklicherweise klar, woran das lag. Und mit mehr Mut unsererseits, Fixpunkte im Tagesablauf zu setzen, verschwanden auch seine eigenen mehr oder weniger disfunktionalen Bemühungen, sich Sicherheit zu verschaffen.

Im Kapitel «Zeiterleben von Kindern» auf S. 15 ff. wird beschrieben, wie schnell Kinder alles, was sie erleben, sofort für bare Münze nehmen. Sie können in ihrem Kopf keinen Eindruck rückgängig machen und neu ausprobieren. Wenn sie also einen Morgen früh aufstehen und Brötchen essen, den andern spät aufstehen und dann Müsli bekommen, am nächsten Tag ganz schnell aus dem Bett geholt werden und ohne Frühstück zum Kinderarzt gekarrt werden, wenn sie am folgenden Tag um sechs aufwachen und erst eine Stunde spielen müssen, bevor Mama eine Scheibe Brot zum Frühstück anbietet, dann bildet sich in dem kleinen Kopf nicht der Begriff «verschiedene Variationen von Tagesanfang», so wie wir das interpretieren würden, weil wir den Grundbegriff schon kennen, sondern es ist eine unzusammenhängende Kette völlig verschiedener Erlebnisse. Das ist anstrengend und verunsichert.

Aber auch für Erwachsene haben Rituale noch stabilisierenden Charakter. Bei der Erforschung von Faktoren, die zu dauerhaften Partnerbeziehungen beitragen, hat sich gezeigt, daß diejenigen Paare lang und glücklich zusammenleben können, die gemeinsame Rituale entwickelt haben. Rituale sind Anker für Gemeinsamkeiten auch in Zeiten, in denen die Kommunikation vielleicht eher stockt. Eine gemeinsame Teestunde am Nachmittag, das Küßchen beim Heimkommen, der regelmäßige Theaterbesuch, vielleicht auch angeblich «langweilige» Gewohnheiten im Bett sind die Notseile, die eine Beziehung auch dann noch tragen, wenn bei den Gefühlen mal Flaute herrscht. Die kommen dann schon wieder, wenn man etwas Geduld aufbringen kann und sich und dem Partner zugesteht, daß nicht immer die Geigen im Himmel jubeln müssen.

Im Familienleben gehört es zu den schönen und kreativen Herausforderungen, Rituale zu schaffen. Es ist im Grunde nichts anderes als die Gestaltung des Familienalltags, innerhalb dessen jeder dann seine Individualität entwickeln kann. Das reicht vom Tischdecken bis zur Konfirmationsfeier – lassen Sie sich etwas einfallen!

Vorschläge für persönliche Rituale
- Stellen Sie immer eine Blume, eine Kerze oder Obst auf den Tisch.
- Schaffen Sie einen Gong an, der zum Essen ruft.
- Sind Ihre Kinder noch klein, lieben sie einen schönen Tischspruch oder ein Tischgebet, bei älteren sollte ein deutliches «Guten Appetit!» nicht fehlen.
- Verabschieden und begrüßen Sie jedes Familienmitglied freundlich und aufmerksam, wenn es aus dem Haus geht oder heimkommt.
- Gliedern Sie den Nachmittag durch eine kleine Teestunde.
- Führen Sie bei kleinen Kindern ein regelmäßiges Abendritual ein.
- Sagen Sie auch älteren Kindern noch liebevoll gute Nacht – auch Vierzehnjährige lieben «Rückenkratzen».
- Auch Unangenehmes wie Hausaufgaben oder Zimmer-Aufräumen wird erträglicher durch Regelmäßigkeit.
- Sorgen Sie für gemeinsame Mahlzeiten. Sie sind in vielen Familien die einzige Zeit, zu der alle zusammenkommen und sich unterhalten. Was bei kleineren Kindern mehrmals am Tag selbstverständlich ist, sollte deshalb zumindest einmal täglich auch für die größeren gelten.
- Feiern Sie Geburtstage regelmäßig und gemeinsam.
- Feste wie Weihnachten und Ostern sind für Kinder wichtige zeitliche Orientierungspunkte im Jahr. Bauen sie wiedererkennbare Elemente ein: der gleiche Schmuck, die gleichen Abläufe, die gleichen Rollenverteilungen. Ihre Lust, vielleicht mal alles ganz anders zu machen, heben Sie für die Zeit auf, wenn die Kinder größer sind. Dann werden sie auch Neues probieren mögen – und sich gerne daran erinnern, wie es bei Ihnen zu Hause «immer war».

Anhang

Im folgenden finden Sie Anleitungen, wie Sie Planungshelfer für den Familienhaushalt einrichten und benutzen können. Es sind Gebrauchsanweisungen und als solche naturgemäß mühsamer zu lesen als der Text im Hauptteil des Buches. Als Vorstellungshilfen habe ich ein paar Zeichnungen hinzugefügt. Lesen Sie langsam, den einen oder anderen Satz auch zweimal – dann werden Sie feststellen, daß alles nur halb so kompliziert ist, wie es auf den ersten Blick vielleicht aussieht!

Helfer für das «Erhalten»

Für die drei hier beschriebenen «rotierenden Kalender» müssen Sie zuvor auflisten, welche Arbeiten im Haushalt bei Ihnen anfallen und wie oft sie gemacht werden sollen, z. B.:

täglich:	Betten machen, Spülmaschine ausräumen, Spielzimmer aufräumen, Eßzimmer saugen, Blumen gießen …
alle 3 Tage:	Treppe fegen, Wohnzimmer saugen …
wöchentlich:	Bad putzen, Handtücher wechseln, Küche putzen, Supermarkteinkauf, Papierkörbe leeren …
alle 2 Wochen:	Schlafzimmer saugen, Müllsäcke rausstellen, Bettwäsche wechseln …
alle 4 Wochen:	Kühlschrank auswaschen, Fensterbretter abwischen …

Das sind nur Beispiele, Sie müssen diese Aufzählung Ihren persönlichen Gegebenheiten anpassen.

Diese Liste können Sie nun in einen der folgenden Planer umarbeiten.

Die Wochenübersicht

Dafür besorgen Sie sich fünf Vordrucke für Schulstundenpläne. Sie enthalten meist 8–10 Zeilen pro Tag. Aus einem Vordruck schneiden Sie sich zwei bis drei Blöcke heraus, schneiden oben die Namen der Wochentage ab und tragen hier die täglichen Arbeiten ein. Diesen Zettel kleben Sie an oder in

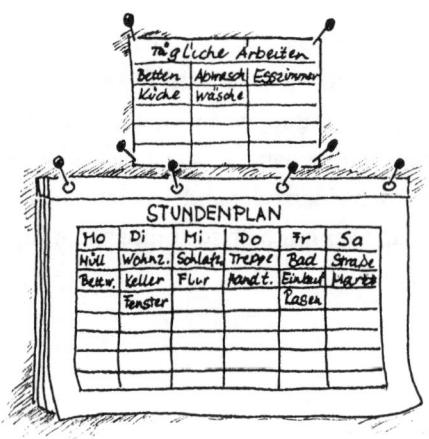

eine Schranktür oder pinnen ihn an eine Pinnwand. Die vier anderen Vordrucke verwenden Sie, um die zusätzlichen Arbeiten einzutragen, die nach Ihrer Verteilung pro Tag noch gemacht werden sollen. Wollen Sie z. B. zweimal wöchentlich das Wohnzimmer saugen, schreiben Sie auf jeden dieser Pläne unter Montag und Donnerstag «Wohnzimmer saugen». Arbeiten, die Sie nur alle vier Wochen machen wollen, werden nur auf einem dieser vier Vordrucke eingetragen. Sie schieben diese Pläne in eine Sichthülle und hängen diese an Pinnbrettnadeln unterhalb der «Täglichen Arbeiten» auf, immer die aktuelle Woche obenauf. Mit einem wasserlöslichen Folienstift können Sie abhaken, was erledigt ist, und nach vier Wochen wischen Sie die Häkchen mit einem feuchten Tuch wieder ab und fangen von vorn an.

Der «Monatsmanager»

Dafür besorgen Sie sich ein Fotoalbum, in dem die Bilder in hochklappbare transparente Taschen eingeschoben werden. Schneiden Sie sich 40 Karten in der passenden Größe, und beschriften Sie sie wie folgt:

Auf zwei Karten führen Sie die täglichen Arbeiten auf. Lassen Sie pro Zeile etwa 4 cm Platz zum Abhaken, und schieben Sie diese Karten in die zwei Hüllen, die im zugeklappten Zustand rechts und links obenauf liegen.

Auf die anderen Karten schreiben Sie am unteren, immer sichtbaren Rand den Wochentag und «Woche 1» bis «Woche 4». Auf jeder Karte listen Sie nun auf (mit Bleistift – um ändern zu können!), was an diesem Tag gemacht werden soll. Den Tag, an dem Sie sich gerade befinden, markieren Sie mit einer Büroklammer. Es ist empfehlenswert, den Wochen je eine Karte mit einem Speiseplan für diese Woche voranzustellen. Ihre Speisenfolge (die Sie natürlich jederzeit der Jahreszeit entsprechend abändern können) wiederholt sich dann nach vier Wochen, das wird keinem Familienmitglied zu langweilig werden. Wenn Sie Lust haben, können Sie die übrigen Taschen noch dazu verwenden, eine Jahresübersicht hinzuzufügen. Da stünde dann z. B. unter November «Christbaumschmuck sichten» oder unter April «Kühltruhe abtauen».

Alles, was erledigt ist, können Sie mit einem Folienstift abhaken und nach vier Wochen wieder abwischen.

Wenn Sie die Arbeiten immer wieder bestimmten Personen zuordnen wollen, können Sie das auch vermerken, z. B. «Treppe putzen – Janine». Dann hat jeder in der Familie nach einem Blick in den Monatsmanager einen Überblick über sein Tagespensum. Dabei ist die Arbeitsverteilung auf mehrere Personen etwas unflexibel. Für Änderungen müssen Sie die Karte herausnehmen, radieren und neu beschriften, oder Sie machen abwischbare Änderungen mit dem Folienstift.

Sie können einen Monatsmanager unter der Bezeichnung «Flipper» einschließlich einer sehr ausführlichen Anleitung zum Ausfüllen und zum Gebrauch auch fertig kaufen. Die Bezugsadresse finden Sie auf S. 156.

Der Karteikasten

Hierbei ist die Arbeitsverteilung wechselnden Gegebenheiten leichter anzupassen. Kaufen Sie sich einen Mini-Karteikasten für Karten von 7,4 × 5,2 cm mit einer zusätzlichen Packung (farbiger) Karten. Schneiden Sie sich aus Karton 28 Registerkarten, die 1 cm über die Karteikarten überstehen. Auf diesem Rand markieren Sie die Wochentage ähnlich wie bei einem alphabetischen Register. Am besten schneiden Sie «Stufen» hinein, damit Sie hintereinanderliegende Tage leicht aufblättern können. Bei meinem eigenen Karteikasten habe ich «Mo» bis «Do» und «Fr» bis «So» auf je eine Kartenbreite verteilt.

Nun schreiben Sie tägliche Arbeiten auf weiße Karten, solche für alle drei Tage auf blaue, wöchentliche auf rote, zweiwöchentliche auf gelbe und vierwöchentliche auf grüne – oder wie immer Sie das machen wollen. (Oder Sie schreiben einfach unten auf die Karte «täglich», «alle 3 Tage», «1 × wöchentlich» usw.)

Stellen Sie nun die Registerkarten in den Karteikasten, und zwar den Tag, der gerade dran ist, nach vorn. Ist z. B. Montag, steht vorn die Karte mit «Mo». Vor diese Registerkarte ordnen Sie nun alle Karten mit täglichen Arbeiten ein. Die anderen verteilen Sie so auf die übrigen Tage, wie Sie sie abarbeiten wollen. Wollen Sie am darauffolgenden Samstag das Bad putzen, kommt die Karte fünf Tage weiter nach hinten. Soll der Kühlschrank Freitag in drei Wochen ausgewaschen werden, kommt diese Karte drei Wochen weiter nach hinten vor die Freitagskarte.

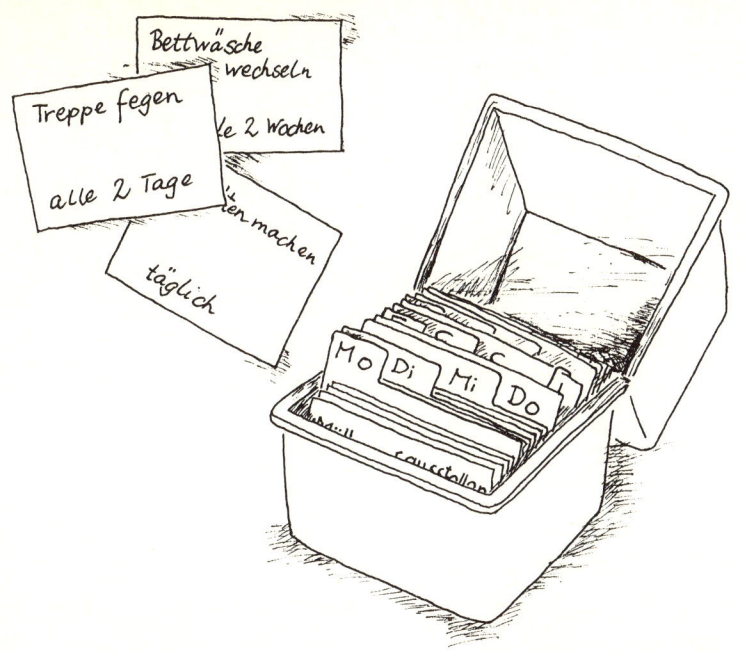

Haben Sie nun eine Arbeit erledigt, nehmen Sie das Kärtchen heraus und ordnen es weiter hinten wieder ein: Tägliche Arbeiten werden vor den nächsten Tag gesteckt, solche, die alle drei Tage gemacht werden sollen, kämen vom Montag vor den Donnerstag, wöchentliche eine ganze Woche nach hinten. Am Abend sollte im Idealfall keine Karte mehr vor dem «Mo» stecken. Diese Registerkarte wird jetzt herausgenommen und ganz nach hinten gesteckt, so daß der «Di» mit seinen Karten vorn liegt.

Arbeiten Sie allein mit dem Karteikasten, können Sie täglich sichten, was ansteht, und die Kärtchen in einer sinnvollen Reihenfolge im Kasten stehenlassen. Wollen Sie die Arbeit auf mehrere verteilen, machen Sie folgendes:

Schneiden Sie pro Person einen Kartonstreifen von ca. 10 × 20 cm zu. Schreiben Sie oben den Namen darauf, und klemmen Sie an eine Längskante etwa 5–6 Büroklammern. Pinnen Sie den Streifen an ein Pinnbrett, oder kleben Sie ihn an oder in eine Küchenschranktür.

Wenn Sie nun morgens die Arbeiten verteilen, werden die Kärtchen un-

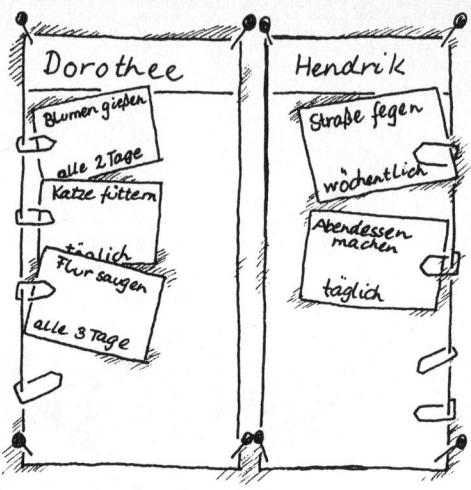

ter die Büroklammern gesteckt, und jeder sieht, was er an dem Tag zu tun hat. Erledigte Kärtchen werden entweder umgedreht und Sie sortieren sie abends in den Kasten zurück, oder pfiffigere Familienmitglieder machen das gleich selbst.

Dieses System hat den Vorteil, daß Sie schnell auf Veränderungen im Tagesablauf reagieren können. Kinder können Arbeiten tauschen, wenn Sie bei der morgendlichen Verteilung irgendwelche Termine nicht bedacht haben, es können auch Dinge, die nicht zu schaffen sind, auf andere Tage verschoben werden. Dieser Vorteil ist aber gleichzeitig auch ein Nachteil, denn es können durch diese Verschiebungen Kartenberge entstehen, die gar nicht mehr an einem Tag zu erledigen sind. Trotzdem hat sich in unserer sechsköpfigen Familie dieses System als das praktikabelste erwiesen, weil es auch für die Kinder besonders übersichtlich ist.

Helfer für das «Verwalten»

Vorstrukturierte Einkaufszettel

Schreiben Sie mit Schreibmaschine, Computer oder sorgfältig von Hand Zettel für bestimmte Einkaufspunkte, die Sie immer wieder anlaufen: den Supermarkt, den Wochenmarkt, bestimmte Einzelhandelsgeschäfte. Auf dem Supermarktzettel können schon die Dinge aufgeführt sein, die Sie regelmäßig brauchen, Sie brauchen dann nur noch anzukreuzen. Kopieren Sie die Zettel mehrfach, und heften Sie sie in einen kleinen Ordner. Trennen Sie die Zettel durch Registerkarten, auf denen Sie den Einkaufsort angeben. Wem etwas Fehlendes einfällt, der schreibt es sofort dorthin, wo es demnächst besorgt werden muß. Wer einkaufen geht, braucht den entsprechenden Zettel nur herauszureißen und mitzunehmen.

Erinnerungshilfen für Arbeiten, die nicht routinemäßig anfallen

In ein kleines Spiralheftchen oder Ringbüchlein können Sie täglich die Dinge eintragen, die Sie außer der Reihe zu erledigen haben. Aus dem Büchlein wird Blatt für Blatt einfach herausgerissen, was sich erledigt hat, nicht Erledigtes wird auf das nächste Blatt übertragen. So behält es einen bescheidenen Umfang, und das ist wichtig fürs Gefühl!

Der Übersichtskalender

Ein aufklappbarer Kalender im Querformat enthält *alle* Termine *aller* Familienmitglieder, die nicht bereits durch Stundenpläne festgelegt sind: Arzttermine, Klassenfahrten, Sommerfeste, Geburtstagseinladungen, Fortbildungen, Sportwettkämpfe, Theaterbesuche, Elternabende ... Seien Sie eisern mit dem Eintragen und eisern mit dem täglichen Hineinschauen! Sonst kann es bei Verabredungen leicht passieren, daß man Doppeltermine macht.

Es gibt im Schreibwarenhandel inzwischen auch Familienkalender, die an die Wand zu hängen sind und für jedes Familienmitglied für jeden Tag eine Rubrik enthalten. Der Nachteil dieser Kalender ist, daß der einzelne nicht so leicht erkennt, ob sich sein Termin mit dem eines anderen überschneidet und z. B. beide das mütterliche Taxi brauchen.

Das Pinnbrett

Wahrscheinlich haben Sie schon eines, und am besten schaffen Sie ein zweites an und sortieren so:

Ein Pinnbrett gibt es für Dinge, die Sie immer wieder nachschauen wollen: die Stundenpläne der Kinder, die Öffnungszeiten von Schwimmbad und Bibliothek, den Busfahrplan, die wöchentlich wiederkehrenden Nachmittagstermine aller Familienmitglieder, einen kleinen Ferienplan und die Notruf-Telefonnummern.

Auf diesem Brett kann auch für jedes Familienmitglied beschränkt Platz sein, um ganz aktuelle Dinge anzupinnen, die aber spätestens nach einer Woche wieder verschwinden. Dieses Pinnbrett hängt am besten beim Telefon.

Ein zweites Pinnbrett können Sie für die schönen Seiten des Lebens reservieren: die Urlaubspostkarten, den netten Witz, den Sie aus der Zeitung ausgeschnitten haben, das Kettchen, das die Freundin Ihrer Tochter in Ihrem Spielzimmer verloren hat, oder die Siegerurkunde von den letzten Bundesjugendspielen. Auch dieses Brett wird ab und zu entrümpelt, aber das hat Zeit, es schadet überhaupt nicht, wenn es monatelang überquillt.

Der hängende Stapel

Er ersetzt die Haufen Papier aus Rechnungen, ausgeschnittenen Zeitungsartikeln und Zetteln mit Telefonnummern, in denen man doch nicht findet, was man sucht. Stellen Sie an zugänglicher Stelle in Ihrem Hausbüro eine Hängeregistratur mit reichlich leeren Hängetaschen auf. Jeder Zettel wandert in eine gesonderte Tasche. Markieren Sie die Hängetaschen mit gelben Klebezettelchen, und schreiben Sie darauf, was mit dem Inhalt geschehen soll: bei Buchtips «Buch kaufen», bei Theaterkarten «Theater am 15. 8.», bei der Wahlbenachrichtigung «Wählen am 27. 9.». Sie kommen an jeden Zettel dran, ohne die anderen durcheinanderzubringen, und sobald sich einer erledigt hat, wird die gelbe Notiz fortgeworfen, und die Tasche ist frei für den nächsten Zettel. Wenn Sie den «hängenden Stapel» konsequent benutzen, werden Ihnen keine Notizen mehr verlorengehen.

Helfer für das «Gestalten»

«Mind-Mapping»

Familienfeste, Urlaub, ein neu eingerichtetes Zimmer, Spielerunden, Bastelstunden, Einladungen oder Ausflüge wollen gut geplant sein, wenn es nicht zu Streß und Hektik in letzter Minute kommen soll.

Eine sehr gute Methode, solche größeren Ereignisse vorab zu strukturieren und in einzelne Schritte zu zerlegen, ist das sogenannte *Mind-Mapping*.

Dies ist eine Technik, die versucht, dem assoziativen Denken eines menschlichen Gehirns auch auf dem Papier besser gerecht zu werden als das reine Auflisten.

Gedankengang aufmalen

Nehmen Sie sich ein großes Blatt Papier (am besten einen Zeichenblock der Kinder), und zeichnen Sie in die Mitte einen Kreis, in den Sie das Zentrum Ihres Gedankengangs schreiben. Wollen Sie beispielsweise einen Kindergeburtstag planen, steht in der Mitte «Peters Geburtstag». Dann zeichnen Sie an diesen Kernpunkt Äste, an die Sie schreiben, was Ihnen dazu einfällt. In diesem Beispiel könnte es sein: «Geschenke», «Essen», «Spiele», «Einladungen» usw.

Diese Äste bekommen selber wieder Äste. Bei «Geschenke» könnte stehen: «seine Eisenbahn sichten», «Omi fragen, welches Spiel er neulich so toll fand», oder gleich Geschenkideen: «Wasserpistole», «Buch Ronja Räubertochter», «Katzenzungen».

Auf der Abbildung können Sie das leicht erkennen. So etwas ist nicht schwer nachzumachen.

Handlungspläne erstellen

Fällt Ihnen zu Ihrem Projekt nichts mehr ein, arbeiten Sie Ihre «Mind-Map» in Handlungspläne um. Nehmen Sie farbige Stifte, und markieren Sie:

Was muß *gemacht* werden? Rot.
Muß *telefoniert* werden? Grün.
Was muß *schriftlich* erledigt werden? Braun.
Was muß *gekauft* werden? Blau.

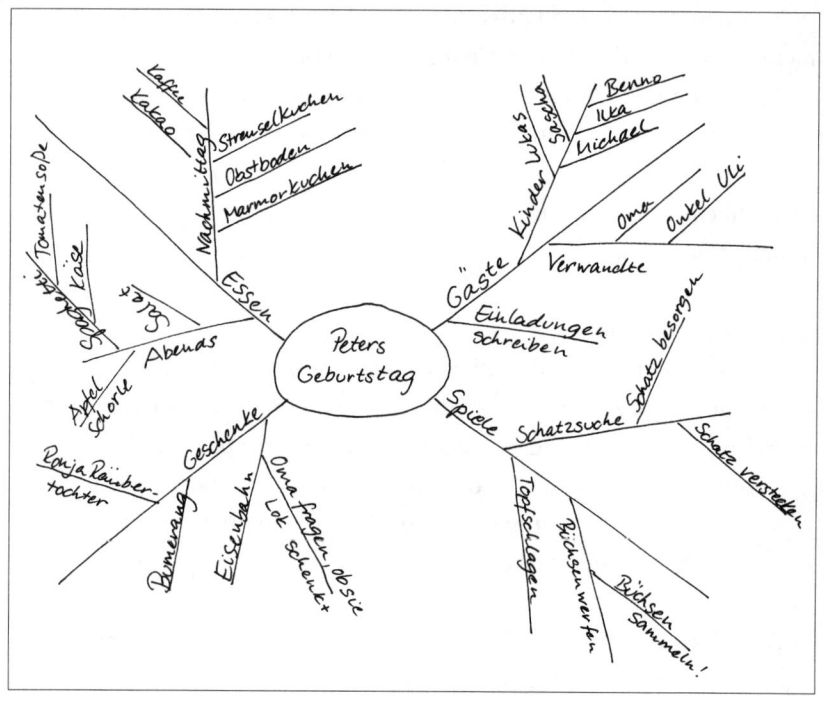

Nun nehmen Sie ein Blatt Papier, falten es einmal längs und einmal quer und tragen oben rechts ein, was Sie *machen* wollen, oben links, wen Sie *anrufen* wollen, unten links, was *schriftlich erledigt* werden muß, und unten rechts, was Sie *kaufen* wollen. Hängen Sie das Blatt irgendwohin, wo Sie es sehen, und fangen Sie an! Dann werden Sie dieses Mal ohne Streß davonkommen.

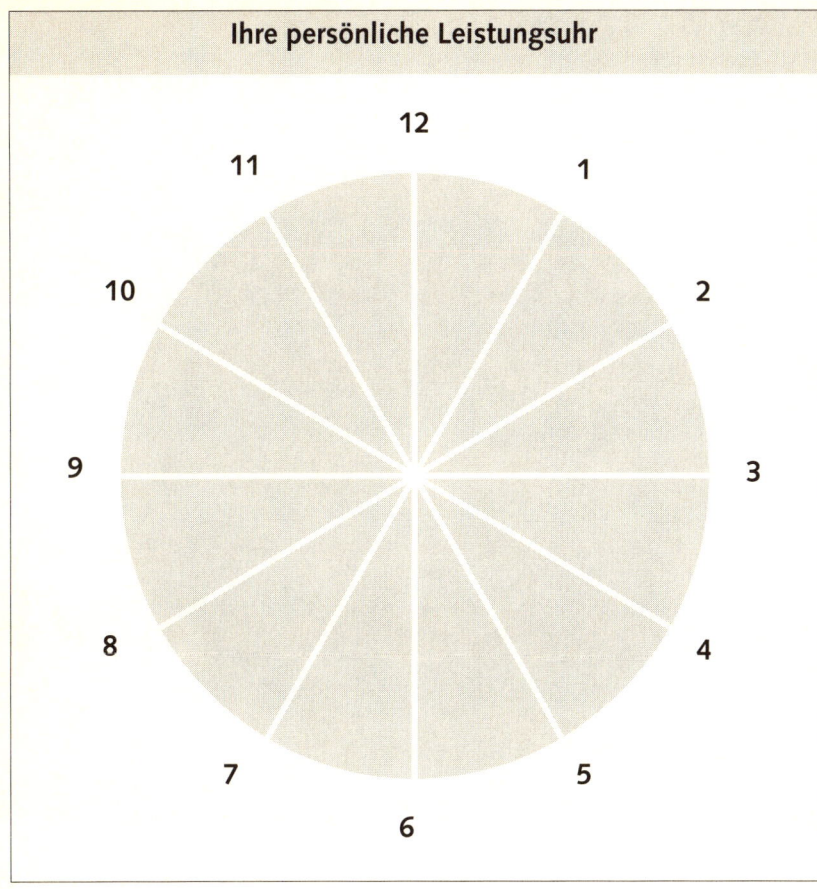

Ihre persönliche Leistungsuhr

Die persönliche Leistungsuhr

Sie kopieren die Seiten so oft, wie Sie Tage protokollieren wollen.

Stellen Sie sich nun vor, Sie stünden im Mittelpunkt des Kreises. Sie haben eine Empfangs- und eine Sendeantenne im Kopf:

Diese Antennen haben je nach Tageszeit unterschiedliche Reichweiten.

Fühlen Sie sich wach und aktiv, zeichnen Sie eine große Reichweite ein, bis an den Rand des Kreises.

Fühlen Sie sich müde, ziehen Sie Ihre Antennen ein und zeichnen die Markierung in den Innenbereich des Kreises.

Füllen Sie an mehreren Tagen das Diagramm aus, werden Sie Ihre Leistungstiefs und Energiespitzen gut erkennen können.

Literatur

Zur Philosophie, Geschichte und Soziologie der Zeit

Bertram, Hans: Familien leben, Gütersloh 1997

Csikszentmihalyi, Mihaly: Flow, Das Geheimnis des Glücks, Stuttgart 1996

Ende, Michael: Momo, Stuttgart 1973

Geißler, Karlheinz A.: Zeit leben. Vom Hasten und Rasten, Arbeiten und Lernen, Leben und Sterben, Weinheim 1997

Geißler, Karlheinz A.: Zeit «Verweile doch, du bist so schön», Weinheim 1996

Gronemeyer, Marianne: Das Leben als letzte Gelegenheit. Sicherheitsbedürfnisse und Zeitknappheit, Darmstadt 1996

Levine, Robert: Eine Landkarte der Zeit. Wie Kulturen mit Zeit umgehen, München 1997

Neumann, Norbert: Lerngeschichte der Uhrenzeit. Pädagogische Interpretationen zu Quellen von 1500 bis 1930, Weinheim 1993

Piaget, Jean: Die Bildung des Zeitbegriffs beim Kinde, Stuttgart 1980

Wendorff, Rudolf: Zeit und Kultur. Geschichte des Zeitbewußtseins ins Europa, Opladen 1985

Bücher zu Planungstechniken

Hunt, Diana; Hait, Pam: Das Tao der Zeit. Erfolgreiches Zeitmanagement, Düsseldorf 1992

Kirckhoff, Mogens: Mind Mapping. Einführung in eine kreative Arbeitsmethode, Offenbach 1997

Mackenzie, Alec: Die Zeitfalle, Heidelberg 1974

Plattner, Ilse E.: Zeit haben. Für einen anderen Umgang mit der Zeit, München 1996

Rechtschaffen, Stephan: Du hast mehr Zeit, als du denkst, München 1998

Regenscheidt, Ulrike: Die meisterhafte Zeitvermehrung, München; Würzburg 1997

Schräder-Naef, Regula: Keine Zeit? Zeit-Erleben und Zeit-Planung, Weinheim; Basel 1993

Seiwert, Lothar J.: Mehr Zeit für das Wesentliche. Besseres Management mit der SEIWERT-Methode, Landsberg am Lech 1996

Tepperwein, Kurt; Aeschbacher, Felix: Intuitiv entspannt. Das mentale Training für
optimale Zeitplanung, München 1991

Verbraucherzentrale: Zeitmanagement im Haushalt, Düsseldorf 1996

Bücher zur Selbstorganisation

Berckhan, Barbara: Die etwas gelassenere Art, sich durchzusetzen. Ein Selbstbe-
hauptungstraining für Frauen, München 1995

Felton, Sandra: Im Chaos bin ich Königin. Überlebenstraining im Alltag, Moers
1994

Felton, Sandra: Ohne Chaos geht es auch: Das ultimative Praxisbuch für Messies,
Moers 1996

Jansen, Margrit; Seibert, Ulrike: Kinder und Job. Erfolgsrezepte für Mütter, die beides wollen, Reinbek bei Hamburg 1997 (rororo 60203)

Krekeler, Hermann: Chaos im Kinderzimmer. Wenn Kinder nicht aufräumen wollen, München 1995

Larsen, Jo Ann: Alle wollen was von mir – na und? Ein Wegweiser durch den täglichen Wahnsinn im Leben einer Frau, München 1994

Sommerfeld, Verena: Babysitter, Tagesmutter, Krippe. Die richtige Lösung für Kinder von null bis drei Jahren, Reinbek bei Hamburg 1997 (rororo 60289)

Bezugsadresse

Brendow Verlag
Gutenbergstr. 1
47443 Moers
(Monatsmanager als «Flipper»)

Kinder haben eine Lobby

die **Deutsche Liga für das Kind**

Partner von *rororo Mit Kindern leben*

Die Deutsche Liga für das Kind ist ein Zusammenschluß der wichtigsten Verbände, die sich für die Belange der Kinder in den ersten Lebensjahren einsetzen.

Die Liga verfaßt Stellungnahmen zu Gesetzentwürfen, organisiert Fachtagungen, initiiert Projekte, ist Herausgeber der Zeitschrift *frühe Kindheit* und bietet Eltern und Fachleuten ihre Service-Leistungen an.

Für einen guten Start ins Leben
Die Info-Pakete der Deutschen Liga für das Kind

☐ **Paket 1** (12,- DM incl. Versandkosten)
- Informationen über Mutterschutz und staatliche Leistungen für Eltern
- Entwicklungskalender erstes Lebensjahr
- Faltblatt mit Informationen zum Stillen
- Adressenliste von Einrichtungen „Rund um die Geburt und das 1. Lebensjahr"
- Informationen über die Deutsche Liga für das Kind
- Gesamtverzeichnis der Reihe *Mit Kindern leben*

☐ **Paket 2** (18,- DM incl. Versandkosten)
Inhalt wie Paket 1, zusätzlich:
- 12 Elternbriefe zum 1. Lebensjahr, hrsg. vom Arbeitskreis Neue Erziehung
- Probeexemplar der Zeitschrift *frühe Kindheit*

Sie können Ihre Bestellung telefonisch oder per Fax aufgeben oder diese Seite an folgende Adresse schicken:

DEUTSCHE LIGA FÜR DAS KIND in Familie und Gesellschaft e.V.
Chausseestr. 17, 10115 Berlin
Tel.: 030 - 28 59 99 70   e-mail: Liga-Kind@liga-kind.de
Fax: 030 - 28 59 99 71   Internet: www.liga-kind.de
Commerzbank Berlin, Konto 266 2385, BLZ 100 400 00

Kinder brauchen eine Lobby

In der Deutschen Liga für das Kind arbeiten Fachleute aus den Bereichen Gesundheit, Erziehung, Sozialwissenschaften und Recht zusammen und ermöglichen einen intensiven Kontakt zu Wissenschaft, Praxis und Politik. Dabei stehen folgende Aufgabenbereiche im Mittelpunkt:

Kinder brauchen starke Eltern

Die Elternverantwortung zu stärken, bedeutet nicht nur, öffentlich auf die unverzichtbare Rolle der Eltern hinzuweisen, sondern auch, Eltern selbst Aufklärung und Unterstützung anzubieten.

Kinder brauchen Schutz

Kinder haben ein Recht auf die Förderung ihrer natürlichen Begabungen. Das gilt nicht nur für den rechtlichen Schutz, sondern auch für familienergänzende, wenn nötig familienersetzende Angebote für Kinder.

Kinder brauchen Beteiligung

Schon von Geburt an muß die eigenständige Persönlichkeit des Kindes sowohl im rechtlichen, als auch im psychologischen Sinne Anerkennung finden. Hierzu gehört auch, die Interessen von Kindern und Familien im politischen Raum zu stärken.

Kinder brauchen materielle Gerechtigkeit

Die Entscheidung für ein Kind gehört heute zu den größten Armutsrisiken. Der Beitrag, den die Erziehung von Kindern in der gesellschaftlichen Gesamtrechnung leistet, wird in unserem Steuer- und Rentensystem in einer nicht länger hinzunehmenden Weise unterbewertet. Eine Korrektur dieses Mißstandes ist überfällig.

Kinder brauchen bessere Lebensbedingungen

Beim Wohnungsbau, der Stadt- und Regionalplanung und in allen anderen Feldern, die zur Lebensqualität von Familien beitragen, müsen Bedingungen geschaffen werden, die ein Leben mit Kindern erstrebenswert machen. Dies gilt auch für die Arbeitsplatz- und Arbeitszeitgestaltung der Eltern.

Die erfolgreiche Eltern-
buchautorin **Regina Hilsberg**
Jahrgang 1951, studierte
Architektur, Anglistik und
Kunsterziehung und ist
Lehrerin der Sekundarstufe
1. Sie lebt mit ihrem Mann
und ihren vier Kindern bei
Hann. Münden. Im Rowohlt
Taschbuch Verlag sind
folgende Titel lieferbar:

Körpergefühl *Die Wurzeln*
der Kommunikation
zwischen Eltern und Kind
(mit kindern leben 17922)
Die Autorin zeigt auf Grund
eigener Erfahrungen und
vieler Gespräche mit jungen
Müttern, aber auch auf
Grund von Ergebnissen der
Verhaltensforschung und der
Ethnologie: Am Körper
getragen zu werden ist für
die meisten kleinen Kinder
die beste Voraussetzung, um
selbständig auch Nähe und
Distanz zu den Eltern zu
regeln. Regina Hilsberg ist
mit diesem einfühlsamen
Buch bei Zigtausenden von
Eltern bekannt geworden für
hilfreiche und gut geschrie-
bene Informationen.

Stillen – das Beste für Ihr Baby
(mit kindern leben 60288)
«Die Liebe erleben wir als
ein wunderbares Abenteuer,
und ich möchte Sie in diesem
Buch einladen, dieses wunder-
bare Abenteuer fortzusetzen
– mit Ihrem Kind. Sicher, ein
Kind ist immer ein Abenteuer, ob mit oder ohne Stillen.
Aber wenn Sie stillen, wird
es eine sinnliche, körperliche
Erfahrung sein, die weit über
das Schmusen mit einem
Baby hinausgeht.» *Regina*
Hilsberg im Vorwort

Schwangerschaft, Geburt und
erstes Lebensjahr *Ein*
Begleiter für werdende
Eltern. Mit Beiträgen von
Christel Scheilke und
Bernhard Schön
(mit kindern leben 18519)
Wenn das Baby in ihr wächst,
hat die Mutter tausend
Fragen. Und der Vater will
vieles wissen. Da hilft es den
werdenden Eltern, wenn sie
Rat von einer erfahrenen
Frau und Mutter erhalten,
die ihre praktischen Tips und
handfesten Informationen
seit über zehn Jahren selbst
nachgeprüft und erprobt hat,
die Ängste und Vorbehalte
ernst nimmt und auch andere
Meinungen gelten läßt.

Mehr Zeit für die Familie *Wie*
Sie den Alltag richtig
organisieren
(mit kindern leben 60611)

Weitere Informationen in der
Rowohlt Revue, kostenlos in
Ihrer Buchhandlung, oder im
Internet: www.rororo.de